自組ETF

吳宜勳——著

邊上班邊賺錢

序

就如同我出第一本書的劇情一樣，不在人生的安排中，在沒有刻意計劃的情況下，因緣際會有了寫第二本書《自組 ETF 邊上班邊賺錢》的機會。感謝財經傳訊方宗廉總編的支持與鼓勵，讓本書得以順利出版。

我是一個跟大家一樣平凡的上班族。若硬要說我跟周圍的朋友有什麼不一樣的地方，我想就是多了那麼一點「堅持」與「夢想」吧。朋友問我，上班已經夠忙了，為什麼還想寫第二本書？是不是因為寫書很好賺？

說實話，別人我不太清楚，但我自己的經驗，把版稅除以寫書的工時，可能比勞動部公告的基本時薪還低（2023 年基本時薪為 168 元）。對我而言，能把投資這項感興趣的主題寫成書跟大家分享，是我主要的動機。另一方面，在寫書的過程中，能夠持續的自我學習與提升對股票的認知，也是我的收穫之一。

投資是一條漫長且孤獨的路，能找到志同道合的朋友一起走下去，是件很幸運的事。我發現多數的上班族，對於投資股票不是完全沒有興趣參與，就是想要一夕致富，尚未建立長期投資的觀念與方法，任由時間一年又一年的過去，實在可惜。

沒參與到大盤從 8,000 點到 18,000 點的資產成長，至少別再錯過下一個一萬點的漲幅，雖然沒人知道要隔多久才能達到，但建議從現在開始慢慢的養成長期投資的觀念。希望大家都不是等到實際發生後，才懊悔說：「我還沒上車呢！」的那一位。

　　朋友跟我說，以前到現在，他都沒在投資，生活也沒有因此產生困擾。如果投資了，反而還擔心賠錢。確實，有正常工作，有現金流，且在沒有什麼物慾的情況下，不投資跟有投資對於「目前」的生活，甚至 5 至 10 年內，除了帳面上的資產增加了一些之外，在日常生活中，幾乎不會有什麼差別。如果投資，手頭反而還可能緊一些。

　　但是，帳面上的資產增加了，內心的某些想法是會漸漸地跟著改變的。除了面對於生活許多不確定的因素與額外的開銷，安全感會大大的提升之外，也不會因為「錢」的問題使內心太過糾結，例如景氣不好收入減少、小孩想要多上幾堂才藝課、修車費用與生病等。

　　隨資產的增加，面對退休的議題，也能更有底氣。對 30、40 歲的上班族來說，現在考慮到退休是否太早？若懂得投資是怎麼一回事，就完全不嫌早。在沒時間壓力的狀態

下投資，才能做好投資。當投資加上期限，就會綁手綁腳，無法完整享受複利的累積。你能想像辛苦工作到 55 或是 60 歲，卻因為累積資產不足，不敢退休過想要的生活，還得在職場上賣肝的感受有多煎熬嗎？

　　不管你信奉的投資方法是什麼，及早投資絕對是百益而無一害。但在這之前必須要建立正確的觀念，提升自己的認知。希望本書能對大家的股票投資之路有所助益，也歡迎大家追蹤我的粉專「打造屬於自己的 ETF」，一起互相學習與成長。在粉專上，我不僅分享投資心得，也包含上班族生活與育兒日常等內容，期待能為日復一日的苦悶生活帶來一些樂趣。

目錄

CONTENTS

前言 | 股市下跌時，別人怕得要命，為什麼我敢買？

從 2019 年下半年開始下定決心存股（長期持有股票）至 2023 年上半年（6 月 30 日），總共持有 176 檔股票，這四年（2019 年 7 月至 2023 年 6 月）不定期不定額投資的總報酬率為 48.8%，年化報酬約 10.45%。光看到這個數字或許沒有什麼感覺，不過，和同期的熱門 ETF 定期定額績效比較結果如下表所示。

表 1 績效比較表

標的	定期定額每月投入年化報酬
元大台灣 50（0050）	6.03%
元大高股息（0056）	6.30%
國泰永續高股息（00878）	7.48%
元大台灣高息低波（00713）	10.31%
老吳績效	10.45%

資料來源：作者整理

註：0050、0056、00713、老吳績效計算期間為 2019 年 7 月 1 日起至 2023 年 6 月 30 日止，00878 計算期間為 2020 年 7 月 1 日起至 2023 年 6 月 30 日止

但這個表需要更長期的觀察以取得更客觀的**數據**。若你對選股有興趣，時間卻有限，又不想死板板地買已包裝好的**ETF**而想透過自行選股來增加績效，我希望本書分享的方法與心法，能為你帶來一些想法，並進一步找出自己的做法。

　　持有幾檔不是重點，也沒有一定的標準答案。能夠堅定地長期持有，才是提升投資績效的良方。不可否認，多數的可觀獲利都是「等」出來的。

　　身為一個投資週期較長的主動投資人，我不追求短期暴發性的績效，而是以穩健的配置為目標，持續朝著提升被動收入的目標努力。

　　記錄投資報酬率是我早已養成的習慣，主要有兩個目的：第一，是跟自己比較。當績效不如預期時，試著找出原因並改善。

　　第二，是跟大盤比較。多數主動投資人都以擊敗大盤為目標，實際上是真的不容易，若績效長期落後大盤太多，就算是再怎麼有興趣主動選股，還是配置一定比例的 0050 會實在一點。

　　至於跟別人比較就不用了。投資最不需要的，就是跟別人比較。每個人的風險承受度不同、資金量體不同、投資週期不同。若這些都不考慮，就只拿獲利數字來比較，比贏了或輸了都沒有任何意義。投資自始至終是自己的事。該買哪

一檔？何時可以買？何時要賣？這些答案都不是光聽別人講就能決定的，必須找出自己操作的邏輯，才是長久之道。

為什麼採用定期定額，而不是單筆投入的績效來比較呢？主要是因為多數人都是使用每個月的薪水進行投資，而非單次投入一大筆資金。雖以股市長期發展是向上的趨勢來看，使用單筆投入的績效往往會優於定期定額，但一次性的投入在實際應用上，是較難達成的。

我從 2014 年開始進入市場，做過當沖、試過融資也玩過期貨，花了 5 年左右在摸索如何簡單又快速地賺大錢。但在市場的教導下，我了解到越想要在市場上獲利，就越無法獲利；但當你一步一腳印地慢慢來時，獲利的模式反而默默地建立起來了。

我的存股資歷還不算太長，真正領悟到慢慢來比較快，並下定決心長期持有，是從 2019 的下半年開始。雖浪費了 5 年的光陰與幾十萬的金錢摸索，卻也遇到許多機運，例如新冠肺炎、俄烏戰爭、通膨升溫與聯準會強力升息等利空。

股票市場多頭的時間遠大於空頭。對價值型投資人而言，空頭市場是磨練心態的難得機會。但有時候想想我周圍的朋友，也同樣經歷了上述的利空事件，但為什麼他們不覺得那是機運，反而覺得是一場又一場的災難，甚至有人還因此受了重傷呢？其實唯有當投資組合與心態都準備好時，遇

到空頭才會覺得那是機運，不易陣亡且能有耐心地選好股票買進。

2022 年間，多數股票是越買越便宜。當時不恐慌慢慢買進並持有的人，到 2023 年上半年應有很不錯的獲利，我就是其中之一。2022 年我的盤中零股買進金額為 2,733,299 元，資金來源包括薪水與配息。此外，我在可承受風險的範圍內，開槓桿擴充資金。或許有幸運的因子在，但我更相信在某種程度上，機會要靠自己抓住。與其羨慕別人幸運，不如努力讓自己也成為幸運的人。

值得一提的是，雖然 2021 年是個多頭年，我仍在其中找到許多低基期的個股，並將資金投入。在不追高的原則下，即便 2022 年行情急轉直下，但在我持有的個股中，並沒有套在山頂上的窘境出現。2021 年至 2023 年中零股買進的金額如表 2。

我想表達的是，每個人在該打拚的時期，努力不斷提升自己的現金流。有了資金後，別老是想等股市崩盤才要進場。不是只有空頭年適合買股票，多頭年也有很多被低估的股票可以買。市場永遠都在，心態與資金先準備好的人，就有機會能早日為自己準備好退休金。

表 2　2021 至 2023 年盤中零股投入存股資金　元／新台幣

2021 年盤中零股買進金額	2,372,981
2022 年盤中零股買進金額	2,733,299
2023 年盤中零股買進金額（截至 7 ／ 31）	558,531

資料來源：作者整理

　　「老吳，你持有這麼多檔股票，為什麼不直接買投信發行的 ETF（指數股票型基金）就好？」這幾乎是多數投資人見到我必問的問題。我想有幾種原因：

1. 主動投資人對於每檔單一個股的操作較為靈活，也能針對較了解的領域布局。

2. 不用擔心 ETF 溢價問題。每檔 ETF 都是透過追蹤指定組合的標的股票所組成。ETF 在股票市場裡交易，稱次級市場。初級市場則是透過申購與贖回機制進行交易。在初級市場的交易價格為「淨值」，也就是 ETF 的真實價值。

　　大部分的情況下，次級市場的價格會與淨值收斂在一定的幅度內，但次級市場偶爾會有瘋搶的現象，例如除息前，次級市場的價格暫時明顯高於真實價值，此情況稱為溢價。例如某檔 ETF 淨值是 15 元，但在次級市場的交易價格為 16 元，若沒注意到此時是溢價的情況，等於買貴了 6.7%。之後當次級市場的價格向淨

值收斂，可以認知為買入的當下就賠了 6.7％。

3. 沒有 ETF 內扣費用的問題：ETF 內扣費用包含了手續費、經理費、保管費與換股買賣周轉成本等，整體而言，約在 0.4％到 1.5％之間。內扣費用是從 ETF 的淨值中扣除。投資人須注意較高的內扣費用，長久下來也是影響獲利的重要因素之一。

4. 對選股有興趣，想靠選股能力創造出大於平均值的額外報酬：主動選股的投資人，最重要的目標就是靠自身選股與擇時的能力獲得高於指數成長的額外報酬。對我而言，這是很有挑戰也很有趣的一件事，也已成為我的興趣之一。

除此之外，自己選股還可以針對低基期的個股進行布局。在一檔 ETF 當中，不論何時，總會有高基期與低基期的個股摻雜其中。若直接買入 ETF，等於是不管高或低基期，一次買下全部，沒得選擇。我的想法是，既然可以透過股價與季線的相對關係知道股價基期的高低，那麼自己買，就能單純的買入那些低基期的個股。

以元大台灣 50 為例，其 50 檔成份股包含了受惠 AI 題材的廣達，其股價從 2023 年 5 月的 86.8 元，到 7 月底來到 238.5 元，四個月漲了 175％。這種漲勢對於追求飆股的投資者而言，可能是短線獲利的大好機會，但風險與報酬往往是

一體兩面。我是偏向保守的投資人，所以不會選擇在這個時段進場。

在買入的心態為長期持有的前提下，我喜歡買在下跌段或盤整區間，因為最終的獲利與持有成本息息相關。對於這種在短期間內一路創高的個股，我會盡量避開。在同時期的台灣 50 成份股，我就會選擇中租 -KY、聯發科、台泥或國泰金等股價在季均線附近，甚至是低於季均線的個股。這些就是所謂相對低基期的個股。

當然，這是很直觀的初步判斷，建議投資人可以再依個股的財務狀況來決定。本書第四章將提到，一般上班族可以利用哪些簡易的財務數字了解一家公司的營運狀況。

圖 1　廣達日線圖

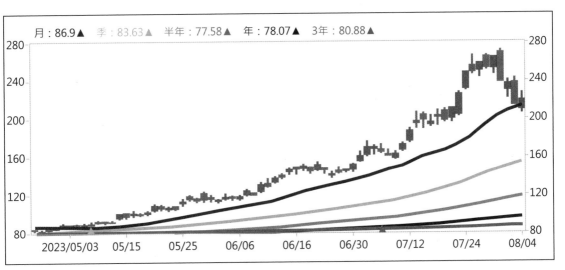

月：86.9▲　季：83.63▲　半年：77.58▲　年：78.07▲　3年：80.88▲

資料來源：Goodinfo! 台灣股市資訊網

圖 2　中租 -KY 日線圖

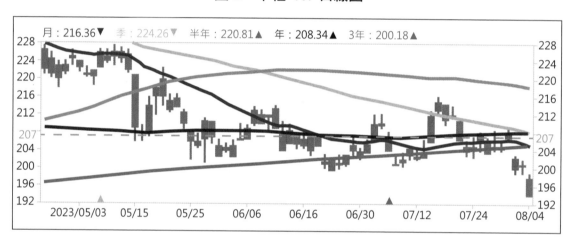

月：216.36▼　季：224.26▼　半年：220.81▲　年：208.34▲　3年：200.18▲

資料來源：Goodinfo! 台灣股市資訊網

圖3　聯發科日線圖

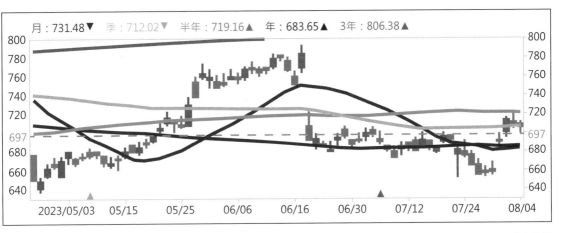

月：731.48▼　季：712.02▼　半年：719.16▲　年：683.65▲　3年：806.38▲

資料來源：Goodinfo! 台灣股市資訊網

圖 4　台泥日線圖

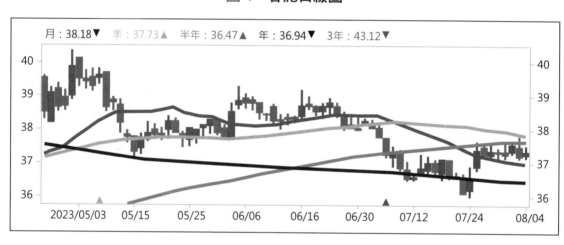

月：38.18▼　季：37.73▲　半年：36.47▲　年：36.94▼　3年：43.12▼

資料來源：Goodinfo! 台灣股市資訊網

図 5 國泰金日線圖

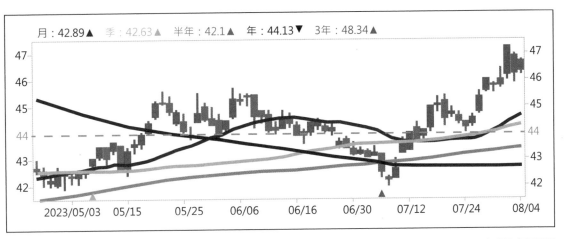

資料來源：Goodinfo! 台灣股市資訊網

第一章 ｜ 沒空研究股市的勤奮上班族，要如何實踐價值投資？

大略了解公司產業與產品，參考過去財報數字，不追高，分批買進，長期持有。盡可能用低成本買進股票。

「價值投資」已是朗朗上口的投資策略。此策略是由「價值投資之父」班傑明・葛拉漢（Benjamin Graham）提出，其著重於找出股價被市場低估且經營穩定的好公司，趁低價買入其股票並長期持有。此策略的幾項重點包含「找出經營穩定的好公司」、「等待股價被市場低估時買入」與「長期持有」等。

投資人並不需要百分之百套用每一項重點，但可依此為核心，發展適合自己的方法，如此一來，從市場中獲利的目標已不遠。我的投資方式亦是圍繞著上述三項重點進行：

找出經營穩定的好公司：透過公司過往經營的成績判斷是否滿足「經營穩定」的條件。

等待股價被市場低估時買入：參考季均線判斷股價的高低位階，不買短期間上漲過多的飆股。

長期持有：讓自己的持股市值跟著公司一起成長，放眼於累積退休後的被動收入。

估算一家公司價值的方法有很多種，各有其優缺點，每個產業適用的方式又不一樣。公司的價值雖然不會隨著每日股價上下跳動，但也非永恆不變：它會隨營運模式的改變、新產品與新技術的研發、市場的需求與科技的進步等因素而產生變化。

　　一家公司的價值以時間軸來看，可以簡易畫分為過去與未來。參考過去已量化的財報數字相對簡單，也較適合上班族，但有個缺點，那便是「這早已是大家都知道的事」。既然如此，還有辦法藉此獲利嗎？當然可以！只要持有的時間足夠，選對好公司，獲利也會相當可觀。

■ 「大略」了解公司，「低成本」買入

　　估算一家公司未來可能出現的財報數字或是獲利模式，須要投入大量的時間進行研究，優點是有機會在市場反應前先卡位。此方式比較適合職業投資者或是研究單位。

　　一般上班族對於市場端的需求或許還有辦法得到資訊，但對公司較重大的決策方向或是新產品的開發，很難在公司對市場公開之前取得相關訊息。就算是公司裡的員工，都不見得有辦法比市場提早取得未發布且正確的資訊。因為如此，上班族想靠資訊傳遞的時間差來投資是幾乎不可能的事。

我認為適合上班族的價值投資就是「大略」地了解一家公司的產業與產品，並參考過去已量化的財報數字。在不追高的情況下，分批買進並長期持有，這也是我一直以來的投資方式。

　　這邊講的「大略」會跟一般人認知的「價值投資」有些出入。我的方式或許可以稱為簡易版或是偷懶版的價值投資，我的價值投資精神為盡可能用低成本買入一家好公司。除此之外，我並不會特別花時間評估公司實際的內在價值，因為這是非常主觀且沒有標準答案的。

　　以我與周圍朋友的經驗，在三、四十歲的這個年紀，上班時間要當認真的員工、下班時間要當陪伴家庭的父母或子女，因此多數的上班族，根本沒有時間與心力深入地鑽研與評估公司的內在價值。然而，參考過去的表現是一個很有效率的做法。

　　每種投資策略各有優缺點。深入研究公司財報、未來發展、新增了哪些訂單等資訊，再做為投資的判斷依據，相對於我這種簡易型判斷的做法，有機會獲得更多超額報酬，畢竟時間花在哪，成就就在哪。我相信有很多此類型的投資人取得了高額獲利，但這並不適合我，也不適合多數的上班族。

　　雖然我花時間學習投資、寫書與經營粉專，但事實上，我花更多的時間在本業工作上。朋友常問我，你買那麼多檔

股票，一定花很多時間在研究吧？事實剛好相反。現階段的我，往往不是在上班，就是在上班的路上。

　　只要是上班族，適合的投資週期就一定是中、長線。如果曾於上班時間做過短線或當沖，就能了解為什麼。因為你無法在跟長官或是客戶開會時，頻頻拿手機出來看盤，也很難在趕工作進度時，還想著哪檔股票在什麼價位要買或是賣。多數時間你只能躲在廁所操盤。但這類型的人一多，對於吃完早餐要正常紓壓的同事，是很不人道的。

　　每個人都有想靠投資實現財務自由的夢想，但現實卻是，光靠投資的獲利來支配生活費用、繳房貸與養小孩，90% 以上的人是辦不到的。投資需要時間產生複利，每個人也必須根據現實條件找出適合自己的方式。沒有壓力的方式，才能長長久久不費力的持續下去。

　　不可否認，看對標的重押，可以有效率地增加財富。但上班族的時間非常有限。想要拉高單一個股的持股比重，就需要加強研究該個股的力道，否則重押也可以很有效率地減少財富。了解重押背後的風險後，我選擇分散持股。我清楚這種做法無法讓我快速致富，也無法讓我幾年內瀟灑脫離職場；但我也知道這種做法可以讓我穩健達到目標。

　　通常我在初期做好功課後，就分批買來放著，不會時時刻刻去關心它、「照顧它」。許多人常提出：「買太多檔股

票，會顧不來」這個問題。其實我很難理解，為什麼買進一檔股票後，就要一直「顧」著它？需要怎麼個「顧」法？

一檔股票的背後是一家公司，而不是一個小孩。公司的體質、開發產品與未來發展，不會因為投資人有沒有用心照顧股票而有任何的改變；反而，投資人有時候太關心股價的變動，會抱不住而賣在起漲點或相對低點。以長期投資的角度來買入投資的標的，每季或是每半年檢視公司的獲利與毛利率等指標即可，操作的步調可以很從容。

一般上班族應該不難理解，任何工作單位的業績差、掉訂單、客訴多、成本過高或毛利過低等有機會損害公司每股盈餘（EPS）的事件，內部都有開不完的檢討會議與寫不完的檢討報告，這才是「顧」公司體質的實質做法，而不是投資人每天盯著股價，發現股價不會漲或是一直跌，就趕緊賣掉的這種「顧」法。

當然，每個人都有適合自己的方法。例如，有朋友覺得買太多檔股票，他會睡不著，但我剛好相反。若是將全部的資金放在太少檔股票，我反而會不好睡。這沒有對錯，各自找出適合自己能安心獲利的方式，才是投資該努力的方向。多聽聽不同方法與不同見解並非壞事，所以我始終抱持著學習的心態。

在多數的情況下，我認為只買進，且盡量不要賣，是對

上班族較適合的做法。但「盡量不要賣」不等於「永遠不能賣」。許多人認為「存股」就是永遠不賣，但我不這麼認為。存股等於長期投資，但並沒有永遠不賣的道理。需要用錢時就要賣。長期來看，公司無法幫我提升資產時就要賣，或因題材因素而造成獲利異常高，也可以評估是否停利賣出。

建立一套自己的選股與買賣的邏輯後，對於何時買賣股票，就不會有過多的掙扎與內心戲。此外，不斷提升自己的財商認知，是投資人該努力的方向，因為沒有人可賺到高於自己認知的金額。

閱讀是一個很好的管道，先有正確的投資觀念後再身體力行。當投資產生獲利，對生活不僅有實質幫助，也產生成就感。有了成就感就會產生更多的興趣，這種正向循環，也是我對投資如此著迷的原因。

■ 追高買才是人性？

人性就是喜歡美好的事物。換成買股票的角度來看，多數人都喜歡買已經漲起來的股票。看到股票漲的第一天，可能還會保持觀望的態度，漲到第二天，就會開始猶豫，等到漲第三天，就會忍不住追進去買。

對於動能派或是搶短線的投資者，或許手腳快一點，就

能從中獲利。但如果動作太慢，可能就直接套在山頂上。我能體會看到盤勢好，個股漲就會想買的心情，看著大家都在賺錢，深怕錯過沒跟到。盤勢好時，我也會想要補貨，但反而會挑弱勢股或是沒漲到的個股，因為「價值」這兩個字，一直是我的核心思想。

透過某些特定的評估方式估算一間公司的內在價值，進而得出它的合理股價，是一般價值投資者在做的事。其中又分為絕對估值與相對估值，前者有股息折現模型與現金流折現模型；後者有本益比法、本益成長比法、股價淨值比法與股價營收比法。這邊不細說這些方法，有興趣的朋友，可以至 google 搜尋關鍵字，就會有很多教學。

懂上述那些方法固然很好，但不懂好像也不會怎樣。以我自己來說，頂多就是用本益比法，判斷股價是否被高估。但在多數的情況下，更直覺的判斷方式就是看 k 線與月或季均線的相對位置。當兩者正乖離太大，即股價高出月、季均線太多，我就會等它們靠近一點再買入。

許多人會設定一個價位，非得等股價跌到那個價位才要買入。一開始我也有這種「不夠便宜，我不買」的概念，但久了之後會發現，股價往往不會降到心目中的便宜價格，不管是多頭或空頭時期都是如此。即使空頭，也等不到理想價格的原因，主要是人們在空頭時期會自動把想買進的目標價

再向下調整。如此操作下來，很容易等到一場空。空頭會在不知不覺中結束，而手上還是沒有想買的股票。

這就跟我近期出租店面的故事一樣。A 租客一開始即把同一社區內，三間求租的店面評估完一輪。他一一地去殺價並且試圖談到一個對他最有利的條件，例如租金含管理費、汽機車位；要店東裝冷氣、裝修期免租金等等。

在這討價還價的過程中，甲店面租出去了，A 租客仍堅持自己的需求，接著乙店面也被租走了，只剩下丙店面。這時，A 租客表示，他真的很想要承租此社區的店面。當他態度開始轉變時，突然來了個 B 租客，在 48 小時內就完成了丙店面的場勘與簽約，而我就是丙店面的房東。A 租客花了約 2 個月的時間評估與談判，最終什麼都沒有，這樣是不是很可惜呢？

我能理解創業不容易，凡事能省則省，盡量用最低的成本開業或許就是 A 租客的目標。有句話說，仔細評估就能降低風險。但不管是租店面，或是投資股票，堅持在某一個價位才要下手的心態，本身就存在不小的風險。若一直到不了這個心目中的價位，長期把現金留在手上，就必須承擔著貶值與錯失資產增長的風險。

投資股市與評估店面最大的不同點是，店面最後的選擇是「租」與」「不租」，非 A 即 B 的選項，但買股票並不

是只有「買」與「不買」兩種選項，而是可以「分批慢慢買」，在接近心中的理想價位時，就可以開始慢慢買入。

例如，一檔股票目前 150 元，雖然心中的甜甜價是低於 100 元，但我會在 110 至 120 元左右就先買個 100 股，之後若下跌或是盤整，再慢慢買到一張。若只降到 120 元就已漲上去，那就等待下一次的回檔，不用設定一個死板板的目標買入價格，也不要追高，使用零股慢慢買，即使一開始買高了，也不至於產生壓力。

■ 該如何停利？

停利是件很困難的事，相信曾賣過股票的朋友都有賣掉就飆漲的經驗，這就是我建議盡量不要賣的原因。停利與不停利都各自有風險。前者的風險就是錯過持續向上漲的機會，而後者的風險就是獲利回吐變成紙上富貴。

在決定長期投資的初期，我也常因為是否該停利而天人交戰。我想訂立停利的準則，所以參考了許多人的做法。有些人認為該在獲利達 20％時停利，有些人覺得要 50％。後來，我發現何時停利並非重點，因為這些數字是依照每個人的經驗與操作習慣制訂出來的，重點是停利後要怎麼做？

停利後要換到哪個標的？還是要先保留現金？賣掉好的

公司股票後，什麼時候要再買回來？如果價格回不來，該追高買嗎？這都是停利前該思考的事，否則停利就等於讓獲利止步。

對我而言，這比獲利回吐更加可惜。數不清有多少次，我在停利後，眼睜睜看著標的一路往上走不回頭。這讓我反覆地思考，「入袋為安」這句話，真是對的嗎？入了袋之後呢？暫時的入袋，以長遠的角度來看，幫助有多大呢？最終，我試著「讓子彈飛」，買進任何一檔長期持有的股票，且不預設停利的標準，白話一點來說，就是沒有打算賣掉。

看著帳面上的股票，從獲利 20％降至 10％，甚至轉負，難免感覺可惜，心想，要是當初獲利 20％時賣掉就好了。經過一次、二次、三次，很多次之後，心態已變成，跌回來可以多買很多股，有便宜的股票買，何樂而不為呢？

建立好這個心態後，看著手中持有的個股，獲利漸漸從百分之十幾成長至百分之幾十，甚至很多來到 100％、200％以上。從 2019 年下半年起，截至 2023 年 7 月 28 日，在 176 檔持股當中，有 39 檔獲利超過 100％，106 檔獲利 10％到 99.9％，19 檔獲利 10％以下，最後 12 檔虧錢。假設我相信入袋為安的做法，不僅無法取得高額獲利，還有可能在反覆的換股操作中，損失很多獲利的機會。

圖 1-1 南帝月線圖

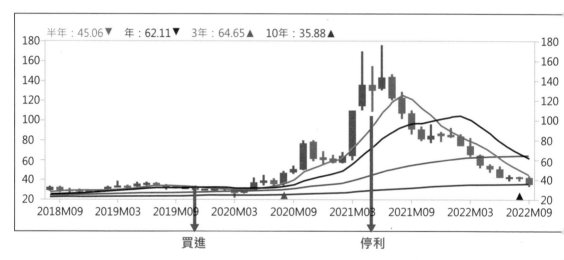

半年：45.06▼　年：62.11▼　3年：64.65▲　10年：35.88▲

買進　　　　　停利

資料來源：Goodinfo! 台灣股市資訊網

在長期持有的前提之下，這四年我只停利過兩次，第一次是南帝，當時的含息報酬約 580％。雖然賣出後，股價於次月再創新高，但仍是正確的選擇。南帝是全國丁腈橡膠的前五大生產商，過去一直穩定地獲利與配息。當時受新冠肺炎疫情影響，醫療用手套大缺貨，而讓南帝股價大漲，但這並非常態，最終還是會回歸到原有的獲利水準。

第二次停利的標的是技嘉，賣出時的含息報酬約 656％。技嘉為主機板、顯示卡與伺服器的供應商，過往也同樣有著穩定的獲利與配息，故在 2019 年底將其納入我的長期持有名單。

在 2023 年受惠於 AI 伺服器的話題，使其成為一檔飆股。我雖然也很看好 AI 的發展，但短期間內各大媒體及報章雜誌的大肆報導，讓我起了停利的念頭。沒有意外的，與上一次相同，在我停利後的下個月，其股價還持續向上漲了 100 多元。這也說明，當市場在瘋狂時，即使在美國聯準會暴力升息的環境下，人們仍看不出來資金緊縮的現象，讓人看不透也猜不到，就是進入股票市場要先有的認知。

圖 1-2　技嘉月線圖

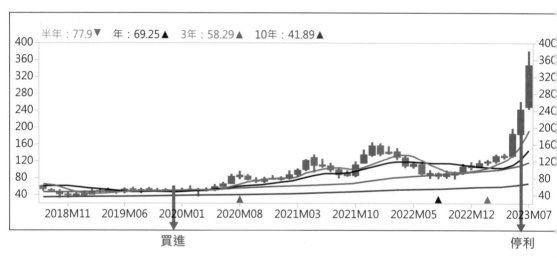

半年：77.9▼　年：69.25▲　3年：58.29▲　10年：41.89▲

買進　　　　　　　　　　　　　　　　　　　　停利

資料來源：Goodinfo! 台灣股市資訊網

第二章｜適合務實上班族的投資系統：要用少少的指標，持有多多的股票！

運用股東權益報酬率和本益比選股，注意季均線，輕鬆投資不費力。

　　我經常被問的萬年問題就是：「ＸＸ股票現在還可以買嗎？」

　　我相信這個問題，也同樣困擾著各大財經粉專的版主與財經相關的作者。一開始，我會認真地看該公司近幾年的股東權益報酬率（Return on equity, ROE）、毛利率與每股盈餘等資料，再看目前股價的位階高低，最後再加註，以長期投資的觀點來看，這間公司如何如何……。

　　但後來我才發現，多數人問這句話的背後含意，其實是「要是我買了ＸＸ股票，明天或後天能賺錢嗎？」或是「ＸＸ股明天還會漲嗎？」能回答這種問題的，我想大概只有以下三種人：第一，詐騙集團；第二，也是詐騙集團；第三，還是詐騙集團。所以不要相信能回答這類問題的人。

　　「如何選股才能賺錢」，一直是剛進股市的新手最想知道，也最感興趣的話題。選股這件事博大精深，有人說需要

看很複雜很難懂的財報，也有人說需要先了解各產業的前景。這些都沒有錯，只是不適合新手，也不適合閒暇時間不多的上班族。

許多人一聽到選股兩個字，腦海中就浮現「很麻煩」、「很困難」、「很花時間」、「不知如何做起」等想法。本章節中，將說明適合多數人選股的方法與邏輯。這些都是我親身試驗並且簡化過的方法，希望能讓大家對選股有一定的概念，不再害怕選股。

選股只是買股票的第一步。選完股票後，要知道後續怎麼買，並培養長期持有的心態。每個步驟都需要有一定的認知，才能在股海裡自在地存活下去。舉例來說，買同一檔股票，有的人賺錢，也一定有人賠錢。由此可見，選股確實重要，但他只是獲利的一環。在第三章，我將更詳細地分享操作心得，讓大家更了解，從選股到獲利之間，還需要哪些要素。

■ 用股東權益報酬率，找到經營績效好的公司

以價值投資的觀念出發，就不得不提到股神巴菲特最愛的指標－股東權益報酬率。這個指標能反應出一間公司的基本面。

股東權益報酬率＝（稅後淨利（每股盈餘）／股東權益（每股淨值））×100%

　　其中股東權益相當於資產扣除負債後，剩下的公司淨資產，亦稱為淨值。

　　股東權益報酬率越高，利用自有資金的賺錢效率就越高，亦可以理解成股東在公司內部擁有的資產所產生的報酬比率越高。換句話說，即公司的經營效率越好；反之，股東權益報酬率低，代表公司的經營效率不佳。

　　至於 1,700 多檔台股中，一間公司的股東權益報酬率要達多少，才能視為經營效率佳的好公司？是超過 10％、15％，還是 20％？要看近三年、五年或十年的數據？這其實沒有標準答案。即使有兩個人選了相同公司，依買入的時間點、持有的週期，與持有心態的不同，也會產生不同的結果。想集中持股的投資人可以將篩選條件設定得相對嚴格，將資金集中在少數的菁英個股上，但相對來說，要承受的波動也較大。

　　股東權益報酬率是個基本面選股的重要指標之一，但不是唯一。相信大家都清楚，股市裡沒有任何一種指標可以照著做就能保證一定獲利。此外，股東權益報酬率反映的是過去。過去表現好的公司，我們只能期待它在未來有相同水準以上的表現，而不是用數據來預測未來的表現。

下表可以給投資朋友們一點概念，其內容顯示 1,779 家台股上市櫃中，有多少公司在不同的連續年份中，達到了10％以上股東權益報酬率。一次性的認列業外收入或是出售資產與增加負債（財務槓桿）也會使股東權益報酬率大幅提升，故觀察股東權益報酬率這個指標，至少要連續觀察三年以上，才比較安全。

表 2-1　台股股東權益報酬率（ROE）表現

股東權益報酬率／近 N 年	近三年（台股%）	近五年（台股%）	近十年（台股%）
大於 10%	505 間（28.4％）	332 間（18.7％）	158 間（8.9％）
大於 15%	237 間（13.3％）	125 間（7.0％）	47 間（2.6％）
大於 20%	101 間（5.7％）	41 間（2.3％）	19 間（1.1％）

資料來源：台股價值站 APP

其中，近十年（2013 年至 2022 年）股東權益報酬率皆大於 20％的公司如下表。

表 2-2　長期高股東權益報酬率的個股

項次	公司名稱	股票代號	2023／7／14 收盤價	產業類別
1	大統益	1232	147.0	上市食品工業
2	儒鴻	1476	490.5	上市紡織纖維
3	葡萄王	1707	163.5	上市生技醫療業
4	台積電	2330	591	上市半導體業
5	研華	2395	400.0	上市電腦及周邊設備業
6	晶華	2707	254.0	上市觀光餐旅
7	統一超	2912	284.5	上市貿易百貨
8	鼎翰	3611	286.0	上櫃電腦及周邊設備業
9	信驊	5274	2440	上櫃半導體業
10	數字	5287	207.5	上櫃數位雲端
11	全家	5903	213.5	上櫃居家生活
12	寶雅	5904	528	上櫃居家生活
13	旭隼	6409	1845	上市其他電子業
14	瑞穎	8083	148.0	上櫃電機機械
15	博大	8109	94.3	上櫃電子零組件業
16	日友	8341	141.0	上市綠能環保
17	寶威	8416	128.5	上櫃資訊服務業
18	億豐	8464	343.0	上市居家生活
19	豐泰	9910	196.5	上市運動休閒

資料來源：作者整理

由表中可以看出多數股東權益報酬率高的公司，其股價都不低。但高價並不代表「貴」；股價高一定有其原因，可能是獲利高、股本相對小或本益比評價相對高等等。舉例來說，若採用歷史本益比評價法來評估一間公司的股價，其計算方式為：

　　本益比＝股價／過去四季的每股盈餘（EPS）合計。

　　假設本益比固定，過去四季的每股盈餘合計越高，其股價就越高；

　　假設過去四季的每股盈餘合計固定，本益比越高，其股價就越高。

　　股本小代表該公司的發行股數少，台灣股票發行的面額是一張 10 元。

　　股本＝發行股數 × 股票面額

　　每股盈餘＝稅後淨利／在外流通股數

　　假設 A 公司的股本為 1 億元，每股面額 10 元，那麼

發行股數則為 1,000 萬股（1 萬張）；B 公司的股本為 10 億元，每股面額 10 元，那麼發行股數則為 1 億股（10 萬張）。當 A 與 B 兩者的稅後淨利相同為 1 億元時：

A 公司的每股盈餘＝ 1 億元／ 1000 萬股＝ 10 元／股

B 公司的每股盈餘＝ 1 億元／ 1 億股＝ 1 元／股

所以在相同獲利的情況下，股本越小，每股盈餘就越會高，而每股盈餘越高，股價就有機會被市場哄抬得越高。此外，一般投資人對於高價股不僅有資金上的壓力，在心理上也存在一定的恐懼，使得高價股的籌碼會相對集中在具備大資金的法人手上。單就這點來看，是有利於維持股價的穩定。而對於高價股的心魔，後續會於第五章詳述。

■ 用本益比找到便宜的股票

在此詳細說明何謂本益比（P ／ E）。本益比是能用來判斷股價是否太貴的方法。本益比又可分為預估（未來）本益比（Forward Price-to-Earnings）與歷史本益比（Trailing Price-to-Earnings）。

預估本益比有個優點，就是當預估的模型與未來發生的

事實接近，就能提早了解較合理的目標價位。但這方法需要預估未來的本益比與獲利，故對該公司未來的發展要有一定程度的了解。

每位投資人或是分析師的估算方式也會不同，要做的功課也比較多，例如該公司的毛利率、產品結構、客戶訂單與產業趨勢等。從這角度來看，就較不適合難以擠出大量時間深入研究每間公司的一般上班族。

更適合一般上班族使用的方法，是歷史本益比。做法是將當前的收盤價，除以近四季公布的每股盈餘總合，即可快速又簡易地得到一個數字。那麼，這個數字是多少才合理呢？

這個數字通常會在一個區間範圍，依產業別、毛利率，以及是否具備成長性而有所不同。個人認為大家只需要有個概念就好，多數的情況下，我還是習慣用均線來判斷相對位階的高低，因為每個下單的應用程式（app），都能快速地看出月線、季線與半年線的位置。

在 goodinfo! 台灣股市資訊網站中，可以查詢到各家上市櫃公司的本益比河流圖。以下圖的台積電為例，本益比河流圖可看出，本益比隨每季公布的每股盈餘之變化。

圖 2-1　台積電本益比河流圖

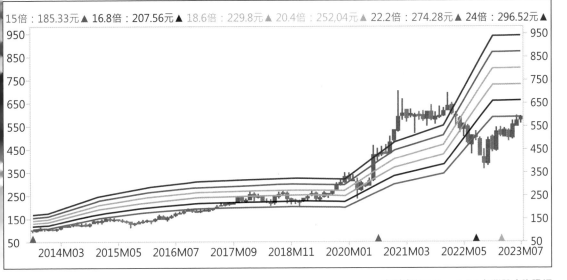

資料來源：Goodinfo! 台灣股市資訊網

此資訊可用來比較當前股價的位階與歷史股價位階的差異性，讓投資人進一步評估當前股價是否合理。此方式適用於評估穩定獲利的公司。當股價靠近甚至超過河流的上緣，表示股價可能處於昂貴或是被高估的狀態。當股價靠近或低於河流的下緣，表示股價可能處於便宜或是被低估的狀態。

此外，透過此圖也可以看出公司的發展趨勢。當河流為左下往右上走，表示公司處於向上發展的狀態，相反的，若是左上右下走的河流，即表示公司正處於體質衰退的狀態。若河流趨於水平，即代表公司進入穩定成熟期。

截至 2023 年 7 月份，我總共持有 176 檔股票，其中約有 100 檔左右是在 2019 年與 2020 年間買進並持續持有的，而這些個股目前在帳面上是全數獲利的。個股數量眾多，就不一一列出，有興趣的朋友可以追蹤我的臉書（Facebook）粉專「打造屬於自己的 ETF」，三不五時會與大家分享持股的狀態。

我想表達的是，對於多數的個股，若是打算長期持有，在完成基本的篩選並買入後，就不需要一直在意這些個股的股價或營收等消息，可以一季或是一年檢視一次就足夠了。

一般認知的價值投資是，深入研究產業或是單一公司，然後等到股價被低估時，帶著信心重押買進。而我認為自己使用的價值投資方式，相對適合一般忙碌的上班族，特別是

像我一樣有小小孩的父母們，下班後沒有資源、沒有時間、沒有體力與沒有精力進行深入的研究。雖然可以直接買投信發行的各種 ETF 產品，但在想讓選股更有彈性、更靈活的情況下，建立自己的投資組合是件有趣且有挑戰的事。

在選股之前，要先了解自己是何種屬性的投資人。買入股票後，打算持有多久？

短線（數日到數週）、中線（數月到數季）與長線（數年以上）的投資人，選股的方法與邏輯會有差異。短線投資人著重消息面與籌碼面；中線的話偏重於籌碼面與技術面。我個人屬於長線投資者，較注重基本面。

個人認為越長期的投資就相對越穩健、勝率越高、執行起來也越輕鬆。台股的好公司很多，選到好公司並非難事，但選好公司加上選好價位，配合好的持有心態與好的執行力，可能就不是那麼容易。

如上述，選股的方式會隨打算持有的週期長短而產生差異。以長期持有為基礎的選股方式，會比短線價差交易選股來得簡單許多。畢竟，對於任一家上市櫃公司的經營者而言，都是以永續經營為目標。以未來要更好為出發點的前提下，接著就看這間公司「有沒有能力與競爭力」，這些都可以參考過去的表現。

若要進一步針對該公司的未來發展進行研究，當然很

好，但畢竟未來之事，難免有變數，所以我並不會花太多時間在深究「未來」。另一方面，也因為自己喜歡廣泛性的持股，在上班族研究時間有限的情況下，我幾乎都是只看過去3到10年的表現來決定是否持有該公司的股票，並不會在意公司每個月發布的月營收或是單月的每股盈餘。

下表是給投資人參考的選股指標。長期投資只要依循兩個原則，要獲利並不難，只是分獲利的快慢與多寡而已。第一個原則就是選股，第二個就是選位階。要選出相對穩定賺錢的公司其實不難，市面上有各種應用程式可以來做這件事，不需要自己花時間上網一間一間地找。

表 2-3　選股的指標：

	近 10 年以上	近 5 年以上	近 3 年以上
年度每股盈餘大於 0	保守型	積極型	轉機型
年度股東權益報酬率大於 10			
代表公司	新產、福興、凌通、桂盟、立隆電	志聖、系微、力成、復盛應用、環球晶	精材、南電、瑞鼎、穩得

資料來源：作者整理

如是保守型的投資人，可以將公司過往的營運與獲利回推 10 年。能連續 10 年賺錢且股東權益報酬率大於 10 的公司，代表其商業模式與競爭力都是相對穩定的，雖然不能百分之百保證買來抱著絕對不會出事，因為投資本身就具備一定的風險，但有了這一層初步的篩選，基本上已降低了很多風險。

　　在股票市場裡，風險與報酬往往是相生相伴的。選股時，如果採用近 10 年的數據，相對於僅採用近 3 年的數據，優點是穩定，且能排除掉大起大落的景氣循環股。

　　但採用近 10 年的數據做為選股指標，其缺點就是選不到新上市櫃或是基本面有大幅好轉的公司。雖然新上市櫃的公司可能沒有經過景氣高低循環的考驗，不確定能不能存活 5 年甚至 10 年以上，但也有機會是未來長線的黑馬，早期持有可以帶來比平均報酬更高的回報，建議投資人可以依自己的風險承受度，調整指標數字。殖利率對多數的存股族而言，是個判斷位階的關鍵指標。個人認為這個方法不是不好，但並不是每種類型的股票都適用。一般而言，此方法較適合應用於傳產股、金融股，或是成長幅度不大的標的，而對於高價股或是公司正處於成長期的股票就相對不適用。

　　雖長期持有的目標是每年領股息，但股票市值的增長無疑也是資產增長的重要一環。殖利率低不代表投資報酬率

低，也不代表公司獲利差。相反來說，殖利率高，也不代表投資報酬率高，更不代表公司賺很多錢。有可能是由於未來展望不好，股價跌下來，使殖利率升高了。

不可否認的，高殖利率股能吸引多數股民的目光。也有一說是高殖利率具有保護傘。但若是僅靠著高殖利率來支撐股價，一旦除息過後，股價就會回到原來該有的位置。

■ 分散投資，不要輕忽風險

若僅使用股東權益報酬率與每股盈餘篩選，會有許多不同產業的公司出現。個人做法是將資金分散於不同產業來降低整體的波動性。關於個股，不管過去績效如何，過度集中的風險都很大，因為有太多外在（環境與科技的變化）與內在（公司內部的發展）的不確定因素。因此我不會讓單一持股比例超過 5%，以降低少數持股崩跌而大幅影響整體資產的機會。

分散投資與集中投資，兩種方式各有愛好者。個人認為，沒有最好的投資法，只有比較適合自己的投資法。

尚未經歷過股災的投資者，往往容易高估自己承受風險的能力，腦海裡只想著：「要是 1 張股票能賺 1 萬，我買 100 張就是賺 100 萬。」這樣的數學計算當然沒有錯，但同

樣的，若是 1 張虧 1 萬，100 張就是虧 100 萬。

在帳戶未實現損益尚未出現此數字之前，很難揣摩當下的心境。一旦出現時，大多數人就容易吃不下、睡不著，甚至開始上網求救。個人認為分散投資還是適合多數的投資者。分散於不同產業，可以有效的降低波動性，而分散的程度就依每個人的風險承受度而異。有些人可以承受 20％的虧損，超過 20％就會開始不安，而有些人耐受度較高，帳面上虧損即便來到了 50％，仍抱得安心。

但要注意的是，當虧損達到 50％，得漲 100％才能回到原點，這是很艱難的一段路，所以盡量不要讓你的持股或是整體部位的績效走到這一步。

至於分散的程度就因人而異了，並非越分散就越好，主要是每個人的資金量不同、可以承受的波動度也不同。我認為分散到敢將閒錢全部投入且遇到類似 2022 年大盤的空頭走勢，也不會影響到心情的分散程度為止。

基本上，投入市場 50 萬跟 500 萬，對於整體資產波動的感受是相當不同的。所以隨著投入的資金量變大，分散的程度也會不同。目前也有許多人選擇持有 ETF 以代替個股，這也是一種分散標的、降低波動度的好方法。

以個股而言，在多頭轉空頭的市場中，很常見股價腰斬，甚至打四折、三折都是有可能的，特別是電子類股，即

使過往表現良好的資優生也不例外，2022 年就看到大量的案例。在自己的存股名單中，很少有個股虧損到達 40％，主要是靠兩項策略：不追高買與分批向下買。

不追高買：以長期持有的心態買入。持股的成本不僅直接與獲利相關，心態也容易受影響。以 2022 年大盤的點數來看，同樣是從 1 萬 8 千點修正到 1 萬點，成本在 1 萬 8 千點感受到的痛，跟成本在 1 萬點的人，是天和地的差別。至於判斷高低位階，自己是透過季均線（60MA）來當作參考，股價與季均線正乖離超過 10％時就暫時停止買進。相反的，股價跌破季均線，即可以試著開始中長線的布局。

分批向下買：同樣以長期持有的心態來看，對於心目中的優良公司，能夠越買越便宜，是一件值得開心的事，等於是逐次降低成本。我分批向下買時，並不會設定批數，但會設定限制，那便是總投入的資金占比不超過 5％（2022 年以前是設定為 3％）。假設投入市場的總資金為 1,000 萬，就算再看好某一檔，也不會投入超過 50 萬。請注意，這是指長期存股的部位，並不包含少數的波段操作。

第三章｜操作時常遇到的難解習題？工學博士告訴你。

長期投資越早開始，越可能早日享受投資帶來的收獲，重要的是，別裹足不前。

　　「知道」跟「做到」兩者間存在一段極大的差距。知道投資可以賺錢，跟實際投資後真的賺到錢，完全是兩回事。周圍有許多朋友都有「我再找時間好好地來了解投資」、「等我有閒錢再來投資」、「等崩盤再來投資」、「等工作忙完再來投資」。這些人一等都是好幾年，台股從 8,000 點到 18,000 點，都與他們無關。我相信，若不調整這種心態，從現在起到若干年後的台股 30,000 點，依然與他們無關。

　　或許因為種種因素，大家難以開始投資股票。但如果沒有踏出第一步，科技的任何發展，都將與你無關。這其實是很可惜的事，特別是如果你從事製造業、科技業，為了這個世界付出十幾、二十年的青春，卻僅獲得一份成長有限的薪水。

　　上班有拿到該得的薪資，乍聽之下並沒有任何損失，但其實這十幾、二十年期間，只要實踐長期投資這件事，你能得到的資產，遠遠超過月薪 ×12 個月 ×20 年，前提是你必須先相信，才會看到。

許多公司都隨著世界的演進而成長，沒當他們的股東，真的很浪費。雖然當他們的股東還是要持續工作，但至少能享受到資產一起成長的紅利。科技進步的速度飛快，市場也隨時都在，就看自己的認知與心態是否準備好了。此章節將分享豐富的操作心得，希望透過我的親身經歷與經驗來幫助大家建立穩健的心態。

■ 賠錢繳學費，是堅定的開始

　　朋友Ａ：能不能報幾檔存股的標的，我剛開戶，想跟你一樣，穩定的投資，慢慢存股就好。

　　由於朋友是股市小白，於是我花了點時間向他解釋一些基本觀念，並告訴他，目前有哪些指數型ETF與高股息ETF，讓他依據自己適合的比例配置。

　　隔了一陣子。

　　朋友Ａ：能不能幫我看一下代號ＸＸ股能不能買，還有我聽朋友Ｂ說ＯＯ股漲的機會很大，我已經買了，但現在賠了一點，要再買還是要賣掉呢？

　　或許這就是人性吧！大部分投資股票的人都抱著想賺大錢的熊熊野心，而這野心並不會因為旁人的提醒與叮嚀而變小。通常會需要經過一些市場的磨練，才能體會為何要把風

險放在獲利之前。

需要付出多少金錢與時間，才能找到適合自己長久的投資方法呢？這也因人而異。個人約花了五年的時間與幾十萬的本金，才領悟到自己沒有賺快錢的本事。回頭看，幸運的是一開始進入股票市場，在本金小的時候，就持續的賠錢繳學費，越賠越多錢也就越堅定自己的信念，勿貪快、勿重押；同樣的錯不要再犯，同樣的路不要再走。

分散投資、分批買進與長期持有才是適合我的方法，但這些方法卻是我一開始覺得賺太慢而不屑一顧的做法，導致自己繞了一大圈，才體會「慢慢來比較快」這句名言錦句。雖然市場上仍有人能不斷地透過高賣低買的短線交易獲利，但這方式是全職交易者在做的事，不適合一般上班族。

獲得高報酬的方式，可以是很困難的交易策略，也可以是很單純的買進並等待。很明顯的，選擇等待絕對是一條適合多數投資人的道路，因為這樣能兼顧工作與家庭，至於能不能走到最後開花結果，就看野心與耐心。很多人認為天天想靠短線交易獲利，就是所謂的很有野心，但對我來說，這不是野心，而是貪心。

我認為的野心大是指，想要有每年穩定數十萬甚至是數百萬的被動收入。若是堅信這種想法，日常不穩定的短線獲利幾千元或幾萬元，其實是不具備吸引力的。

■ 買得太分散，大跌時很難加碼？

有朋友說，如果存股的部位太分散，遇到像 2022 年的股災會很困擾，因為每一檔股票都在跌，加碼資金卻無法分配給每一檔，會令人感到焦慮。

個人認為，空頭時加碼的行為，對於長期持有的投資者而言，是很棒的做法。不過，必須衡量自己的資金能分幾批？能分幾檔？

先針對分批這件事說明。

多頭期間萬股齊漲時，多數人都聽過「別人貪婪，我恐懼」的經典名言，也了解此時的貪婪，很容易讓人套在山頂上。但個人認為，當空頭期間萬股齊跌，需要「別人恐懼，我貪婪」時，拿捏好貪婪的程度更為重要。未經思考的貪婪，很有機會變成「別人恐懼，我破產」。

空頭時，「過」與「不及」都不好。所謂的「過」就是見獵心喜，心想終於等到崩盤了。資金控管不當，低估空頭的週期，數天或是數週就把可以加碼的資金用完，接下來的時間，就只能「望跌興嘆」了。沒有資金在手上，看著股價一天比一天便宜時，那種看得到吃不到的感覺，是十分難受的。

歷史上的空頭約數個月到數個季度不等。最近一次的空頭期間為 2022 年 1 月至 2022 年 10 月，約 10 個月，每次

空頭都是個難得讓資產快速增加的機會，而機會是留給資金管控與心態都準備好的人。

　　市場或是個股走入空頭時（在此先廣泛地定義，空頭為指數或是股價從波段高點下跌超過 20％），資金管控的能力，往往是決定財富累積速度的關鍵因素。假設每個月預計投入 2 萬元到股市、喜歡看盤並享受數字跳動，以及不買點零股手就會癢的朋友，可以將資金切得比較細，將 2 萬元切成 20 等份，一次買 1,000 元。一個月開盤日約 20 天，如此一來，就能日日參與市場的漲跌。

　　這個做法的好處是，讓自己的心態不害怕買貴，今天買明天跌了。同樣的 1,000 元，可以買的股數又更多了，而且不管是不是高價股，這樣買都不會有壓力。前提是這是適合喜歡且能撥空看盤的人，對上班族來說，就是中午休息時段，花個幾分鐘就能買完 1,000 元，然後再安心地睡午覺，準備迎接下午的挑戰。

　　若對看盤完全沒興趣，也沒時間的話，那就一個月花個 1 至 2 次時間，把錢投光就行了。照著下圖資金控管曲線做，投入的次數乘以每次投入金額，等於每個月規劃好要投入的總額，不論多頭或空頭，持續不間斷地投入市場，未來的你會感謝現在的你。

　　聽起來很簡單，但大多數人在看到手上的持股進入空頭

且大跌時，容易產生兩種極端的想法。第一是「趕快逃」，恐慌性賣出；第二是「趕快買」，一次買太多，幾天內就把下個月、下下個月的可用資金都買進去，甚至沒有經過深思熟慮，就啟用槓桿資金。接下來的劇情可能就是只能乾瞪眼看著股票持續下跌，手中卻沒有銀彈可以應用，捶心肝地想著：「早知道就……」。

所以要訓練自己的心態。不管股票漲跌，都維持紀律地投入該投入的資金，是很重要的一環。

接下來針對遇到行情不好時，想將「資金分配到每一檔」這件事做說明。對於有限的資金該如何分配，每個人都有不同的做法，但在還沒規劃前，就想要分配到每一檔持股，這個就貪心了點。在資金有限的情況下，就要有所取捨。本人優先考慮加碼的條件分別是：

1. 報酬率相對差的前幾名：通常是負報酬的前幾名，帳面上的負報酬就是成本價高於現價，所以現價一買入，成本價就會跟著降低。有人會說這是攤平，並非加碼。對於攤平或加碼的文字定義，我自己並不是太在意。我在意的是，當我的持有成本變低，長期下來，勝率與報酬率都會提升。當成本在 5 年線或 10 年線時，對於大盤的波動，幾乎可以無視。

2. 持股比例相對少的前幾名：一般而言，自己的持股比

図 3-1　**資金控管說明**

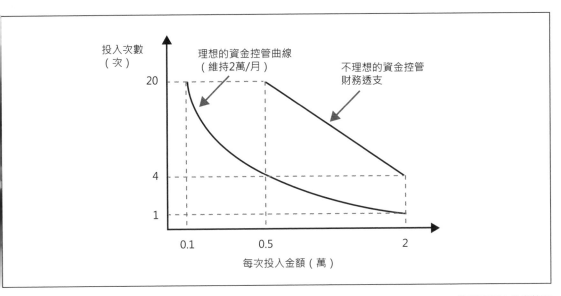

投入次數
（次）

理想的資金控管曲線
（維持2萬/月）

不理想的資金控管
財務透支

20

4

1

0.1　　　　0.5　　　　　　　　2

每次投入金額（萬）

資料來源：作者整理

例會相對少的原因之一，就是在分批買進的過程中，還沒買到幾次就漲上去了，自己就會將要投入的資金換到還沒漲的個股。所以當沒有搭到車的個股，有機會再跌回來時，就會吸引我的目光。

3. 與季均線負乖離率相對大的：季均線為近一季的移動平均線（大家的平均成本），而乖離率指的是收盤價和移動平均線的差距，當股價大漲離季均線太遠時，就是所謂的正乖離太大，反之則為負乖離。當股價與季均線正乖離太大時，代表近一季買入的投資者獲利的％數越大，此時波段投資者就可能會為了獲利了結或入袋為安而賣出股票，使股價漸漸回到季均線附近。

   而負乖離率大，有可能是波段持有的投資者已停損出場且沒停損的人也因為損失過大而不捨賣出，導致賣壓減輕而有買盤進場，有機會讓股價回到季均線附近。我在負乖離率相對大時進場，並不是為了搶短線或是抄底，而是盡可能地降低長線持有的成本。

   但有一個前提是，加碼的個股占比不可以超過總投資金額的 5％。向下買雖然是一個降低持有成本的好機會，但還是要注意風險，不能沒有限制地一直買下去。將資金過度集中在某幾檔個股，常常不是大好就是大壞，隨著盤面的波動，心情也容易隨之起伏。

在 2022 年的空頭中，個人並無難以決定資金要分配到哪幾檔的困擾，原因為我買進的成本是從 2019 年開始慢慢累積上來的，在不追高買的情況下，其實 2022 年跌下來，自己帳面上呈現虧損的公司約占總持有家數的四分之一。這並非我特別厲害，而是長期持有、分批買進的優點。撇除 18,000 點才決定重押（all in）存股的個案，只要在買進每一筆前都有風險意識，2022 年不至於讓自己把 2019 到 2021 累積的獲利全部吐回，甚至倒賠。

回想起 2022 空頭的走勢，幾乎每次買了之後，隔沒幾天又有更低點，現買現套，看不到盡頭。當大盤跌到 2022 年 10 月份的波段低點 12,629，對比 18,619 點時，自己庫存的獲利約回吐了 65％。這時，有很多投資人已經把 2019 到 2021 三年的獲利賠光。不管如何，這都是一個很寶貴的經驗，畢竟回顧過往，股市長期多頭占了大部分的時間，空頭雖然會讓投資人心痛，但是這段時間是很珍貴的。

■ 槓桿並非魔鬼

投資使用過大的槓桿，最終發生憾事的新聞層出不窮，以前是這樣，現在是這樣，我相信未來也是如此，畢竟想要快速致富，是恆古不變的人性。這也導致大部分的人，一聽到借錢投資，都抱持著相對負面的看法。

使用槓桿必須小心謹慎沒錯，對於新手或是長期在股市裡沒有獲利的投資人，的確要避免使用槓桿。使用槓桿進行短期的交易，雖有機會加速財富的累積，但風險相對大，並不適合上班族。但對於投資策略是長期持有的投資人，若能拿到相對低利率的貸款條件，是有機會為投資加分的。

以股市長線走多的觀點來看，當預期報酬率大於借貸利率到一定的水準，適當的使用槓桿有助於資產的增長，當然這是建立在原本就已經有自己獲利模式的條件下，而且並不是每個投資人的個性都適合。

以下分享我自身的經驗。首先是信用貸款，在沒有額外的財力證明下，對於收入穩定的上班族會比自行創業者（沒有薪資收入證明）有優勢，特別在上市櫃公司的上班族，利率的優惠更為顯著。在沒有信用不良紀錄的情況下，約 2％至 4％之間的利率是常見的。影響借貸利率與額度的因素很多，例如每個人的負債狀況、與銀行往來的繳款紀錄、工作穩定度（年資）、年收入、信用卡使用情形等。

相對於直接在市場裡使用融資，使用信用貸款進行槓桿投資的優點在於，當股票市場出現不理性的崩盤時，也不會被迫斷頭（維持率不足）。但自己的心態也不能炸裂，避免因恐慌而砍在低點的情況發生。

融資買股票是指，買進一檔股票，投資人只需要出 40％

的金額，券商出資 60％，投資人須按日支付利息。券商的融資利率約在 6％至 7％之間，算是利率相對高的借貸方法。

　　以一檔 100 元的股票為例，使用融資買進，投資人只需拿出 4 萬元，剩下的 6 萬元由證券公司出資，就能買入一張 10 萬元的股票。融資買股票就是透過財務槓桿將本金放大 2.5 倍，獲利與虧損也同時放大了 2.5 倍，能加速獲利也能加速滅亡。

　　雖說融資這項工具本身是中性的，沒有好或壞，但多數人無法克服人性的貪婪，也沒有想到貪婪導致需付出的代價，容易釀成悲劇，所以不建議新手嘗試。

　　使用融資買股，會有維持率的問題。以 4 萬元融資買入 10 萬元的股票，維持率＝（買進金額 10 萬元／融資金額 6 萬元）×100％＝ 166％。當維持率低於 130％時，券商就會發出追繳令，限投資人於 3 日內補繳差額，保持高於 130％的維持率。如果做不到，券商將賣出投資人使用融資買進的股票，即所謂的被斷頭出場。

　　舉例來說，使用融資買入 10 萬元的股票，如下跌到 7 萬 8 千元以下，就會收到追繳令。維持率＝（融資證券市值 7 萬 8 千元／融資金額 6 萬元）×100％＝ 130％。換句話說，跌 22％就必須追繳，以個股而言，22％的跌幅並不少見，故需謹慎看待。

另一種常見的工具是股票質押借款，可分為把股票抵押給券商或銀行兩大類，但兩者都有維持率低於 130％ 會被斷頭的風險。質押給券商靈活度高，但利率也較高。

以元大證券為例，開通股票借貸後，即可使用應用程式隨時動用資金與設定要擔保的股票。其牌告利率為 6.25％，但隨著質押金額的不同，也可以談到較低的利率。若利率條件無法降至 4％ 以下，借貸成本就可能會侵蝕大部分的獲利，值得深思。

相較於元大證券，一些市占率相對小的券商例如永豐證券、兆豐證券或統一證券等，為了吸引更多客戶，其股票質押（或其稱為不限用途借貸）的利率較有談判的空間。市占率較小的券商缺點是券的流動性較差，若有把股票借出賺利息或是借入避險的需求，股票的流動性就沒有元大證券那麼好。

股票質押有維持率的限制，若集中單一股票設定質押，常態性的維持率應在 200％ 以上，以免遭到催繳或斷頭。盡量避免太激進的操作，例如重複質押（反覆地將質押出來的現金買股票後再質押），一旦遇到大幅的波動，很有可能會直接被迫賣在相對低點。一般出現此情況，損失的本金不是短時間內可以賺回來的。

表 3-1　股票質押借款的管道

	質押對象為銀行	質押對象為券商（元大）
利率	約 2% 至 4%	牌告利率約 6% 至 6.5%
類型	設質大型龍頭股容易談到較佳的利率	上市櫃中小型股與大型股利率相同
備註	有些中小型個股不接受質押	幾乎所有上市櫃個股，都可以接受做為抵押

資料來源：作者整理

　　使用槓桿投資必須先了解兩大面向，一是個人心理的承受度，二是月負債比。前者很難量化且每個人不同，但原則上可以使用睡覺指標來衡量。例如，一開始借了 30 萬元投入股市試水溫，持續一段時間，最好是數個季度，隨著盤勢的漲漲跌跌，特別是遇到連續性的下跌時，睡眠品質是否會受到影響，並依結果決定要增加金額或是停止借貸。

　　月負債比是（每月負債支出／月收入）×100%。例如小吳月收入 6 萬，扣掉房貸 2 萬、再扣掉車貸 1.5 萬，月負債比為（3.5 萬／ 6 萬）×100% ＝ 58%。一般來說，月負債比低於 70% 是銀行審核信貸的指標。雖然小吳仍有空間可申請信貸，但仍需考量生活中意外的支出，例如車子突然拋錨，需要換新或維修等。不要期待透過加大槓桿而快速致富；多數人是因為過大的槓桿而加速破產。

■ 投資要穩健，要先顧好本業

相較於許多投資前輩，我在股票市場的經歷只能算是個新手。幸運的是，從賠錢到賺錢的過程中，並沒有浪費太多時間與金錢摸索。曾經我也天真地想透過小台期交易賺價差，1 天賺 2000 元，1 個月開盤 20 天就能賺到 4 萬元，這樣就不用辛苦地上班了。實際測試後，不到 1 個月，馬上理解夢想是美好的，現實是殘酷的。

同樣賺 4 萬元，上班跟價差交易，兩者在困難與壓力感受的程度相差了十萬八千里。或許你覺得上班面對主管、客戶，扛著各種業績目標的壓力很沉重，但我認為這遠遠不如全職交易者所承受的壓力，大部分人並不適合把股票投資當作主業。

對我而言，目前為止在投資路上最大的推手就是我的本業，它提供了穩定的現金流。一開始我覺得做好股票投資，就可以不用上班了。但後來才明白，沒有努力上班，是不可能做好股票投資的，因為投資是必須持續投入本金的。在不預期獲得厲害的高額報酬下，投資的金額就決定了獲利的數字。

例如，投入 10 萬的 5% 是 5,000 元；投入 100 萬的 5% 是 50,000 元，一樣是 5% 的獲利，兩者就差了 45,000 元。每個人的月薪不同，家庭開銷也不同。可支配所得較高的人，投資起來就越有優勢，不論要加碼或攤平，都有相對多

的資金可以使用。每月可支配所得高的人，配合財商與穩健的投資心態，較有機會成為所謂的本多終勝者。

現實是很殘酷的。不可否認越有錢的人，投資起來就越輕鬆，但難道沒有錢的人就不適合投資嗎？當然不是。沒有錢又不試著擠出錢來投資，當下或許沒有什麼感覺，但等到接近退休時，就會有一種不敢退休的不安全感。

有一次，跟一位工作年資即將屆滿 25 年的朋友聊天，我提到很羨慕他已經過了拚命賺錢的年紀，可以準備開心地退休，享受第二人生。

但他卻說：「雖然我有投資，但大部分都是賺價差，來來回回大概也是打平，累積現金與存股的部位很低。雖然有退休金，但月領金額與現在的月薪有一段差距，心裡總覺得不夠踏實，有種不安全感，到時很可能無法在年資滿 25 年時就馬上退休。」

我相信類似的案例，也常出現在許多沒有及早規劃儲蓄退休金的上班族。退休金不是一筆小數目，並非今年開始存，明年或後年就達到足夠的金額，而是需要長達 10 年甚至 20 年的規劃。

每個月的投資金額、獲利與時間絕對是投資總收益的最大關鍵。該投資多少金額，又需要多久的時間呢？在生活條件允許的情況下，如果想提早退休或是早日達到心中理想的

資產規模，毫無疑問的，金額就是越多越好，時間也是越長越好，但兩者是可以互補的。

不要以為有在「加減」投資，就可以很輕鬆面對退休這件事。若是打算 10 年後退休，現在開始每個月僅投資 5,000 元（1 年投資 6 萬），以年複利 7％來計算，最終金額 860,419 元，是遠遠不夠用的。

基本的時間要求是至少投資 10 年。但聽到這個時間，多數人不是一開始就放棄，就是做到一半放棄。例如某天，一位朋友很期待地跑來問我，如果現在開始一個月投資 5,000 元，那麼 5 年後獲利多少？同樣以年複利 7％計算，答案是投入本金 300,000 元，賺了 58,127 元，總額為 358,127 元。朋友聽到 5 年賺不到 6 萬，脫口說：「好像也不怎麼樣，我以為 5 年後就會有很驚人的獲利。」

沒錯，投資不是什麼仙丹，短期內的成果確實很有限，甚至還很有機會賠錢。要讓獲利有感，就必須拉長投資時間。如果可以，最好增加每個月的投資金額。

用於投資的錢要事先規劃，而不是拿每個月扣除花費後，最後剩餘的錢來投資。我跟朋友說，若將時間拉長至 20 年，每個月投入 1 萬元，年複利 7％來計算的話，那麼最終投入的本金為 240 萬，總額 510 萬 5,989 元，其中獲利是 270 萬 5,989 元，若你覺得還不夠的話，那就請再提升自

己的本業能力，提高每個月可以投資的金額。上班賺錢不容易，要付出勞力，而投資獲利要付出的則是等待。

■ 退休金要多少才夠用？

退休金要多少才夠用？這當然沒有標準答案，會隨著每個人的居住地、生活模式、身體健康程度與負債情況而異。根據 2022 年 Yahoo「你認為存到多少退休金才夠退休所需？」的線上民調結果，總共 11 萬 4,600 人作答，金額級距從 500 萬以內到 3,000 萬以上不等，若取平均值，則約要準備 1,571.2 萬元才能安心退休。

此外，也有多項調查顯示，考量國人平均壽命延長，現階段至少要準備 1,000 萬元以上的退休金才夠。如下表，假設退休前 10 年才開始投資，即使每個月投入 4 萬元，以年複利 7％來計算，也無法達到 1,000 萬的目標。但若提早投資，將年限拉長至 20 年，每個月固定 2 萬元，即可以達到總金額 1,000 萬元以上的目標。同理以 30 年來看，每個月只要 1 萬元就可以輕鬆達標！這邊可以很清楚的看出來，為何大家都說投資越早開始越好，讓複利越早開始滾動，當複利滾動的同時，也代表著離退休或是自己想過的生活越近。

表 3-2 以年複利 7% 計算，投資 10 年的成果

每月投資金額	總投資金額	總收益	最終金額
5000	600,000	260,419	860,419
10000	1,200,000	520,839	1,720,839
20000	2,400,000	1,041,677	3,441,677
40000	4,800,000	2,083,354	6,883,354

表 3-3 以年複利 7% 計算，投資 20 年的成果

每月投資金額	總投資金額	總收益	最終金額
5000	1,200,000	1,352,994	2,552,994
10000	2,400,000	2,705,989	5,105,989
20000	4,800,000	5,411,977	10,211,977
40000	9,600,000	10,823,954	20,423,954

表 3-4 以年複利 7% 計算，投資 30 年的成果

每月投資金額	總投資金額	總收益	最終金額
5000	1,800,000	4,082,545	5,882,545
10000	3,600,000	8,165,091	11,765,091
20000	7,200,000	16,330,182	23,530,182
40000	14,400,000	32,660,364	47,060,364

資料來源：作者整理

■ 空頭的好朋友：分散與分批

2022 年是空頭年，台股大盤從 1 月 5 日見證歷史高點 18,619 點之後，開始一路向下修正至 10 月 25 日的波段低點 12,629，跌幅達 32％，其中不乏跌幅超過 50％以上的個股。

但這並不是什麼壞事，只要在過程中不要被市場恐慌情緒嚇跑，會發現每個月把相同的錢丟入股市，可以買的股數是一個月比一個月多。2022 年的市況，明顯地加速了零股累積成整張的腳步。空頭就是有越買越便宜的好處。

分享我 2022 年一路分批向下買的實際案例，首先是穩懋（3105），其主要從事砷化鎵晶圓代工，生產的晶片主要應用於手機功率放大器、通訊基礎設備與無線網路（Wi-Fi）等，其獲利情況與消費性產品的需求量與庫存量息息相關。

尤其是智慧型手機的銷量，以 2023 年第二季法說會的數字來看，整體營收仍以手機行動網路（Cellular）晶片占比最大，為 30％至 35％，其次是通訊基礎建設類（Infrastructure），占比 25％至 30％。無線網路類型占比為 15％至 20％，其它占比 18％。

表 3-5　穩懋買入紀錄 -1

買入日期	買入資訊		買入日期	買入資訊		買入日期	買入資訊	
2021/5/17	買進價格	298.5	2022/4/14	買進價格	231.5	2022/5/6	買進價格	193.5
	買進股數	100		買進股數	5		買進股數	6
	總成本	29,871		總成本	1,158		總成本	1,162
2022/3/28	買進價格	276.5	2022/4/18	買進價格	226.5	2022/5/9	買進價格	195.5
	買進股數	5		買進股數	6		買進股數	6
	總成本	1,383		總成本	1,360		總成本	1,174
2022/3/30	買進價格	269.5	2022/4/26	買進價格	216	2022/5/10	買進價格	217.5
	買進股數	6		買進股數	6		買進股數	6
	總成本	1,618		總成本	1,297		總成本	136
2022/3/30	買進價格	267.5	2022/4/27	買進價格	209.5	2022/5/10	買進價格	192
	買進股數	5		買進股數	6		買進股數	6
	總成本	1,337		總成本	1,258		總成本	1,153
2022/4/1	買進價格	259	2022/4/28	買進價格	211.5	2022/5/16	買進價格	197
	買進股數	5		買進股數	7		買進股數	7
	總成本	1,296		總成本	1,481		總成本	1,380
2022/4/7	買進價格	251.5	2022/4/29	買進價格	203.5	2022/5/17	買進價格	202
	買進股數	5		買進股數	6		買進股數	6
	總成本	1,258		總成本	1,222		總成本	1,213

買入日期	買入資訊		買入日期	買入資訊		買入日期	買入資訊	
2022/4/7	買進價格	246.5	2022/4/29	買進價格	201.5	2022/5/20	買進價格	200
	買進股數	5		買進股數	6		買進股數	6
	總成本	1,233		總成本	1,210		總成本	1,201
2022/4/11	買進價格	235	2022/5/3	買進價格	193	2022/5/23	買進價格	200
	買進股數	6		買進股數	6		買進股數	6
	總成本	1,411		總成本	1,159		總成本	1,201
2022/4/12	買進價格	233	2022/5/3	買進價格	192.5	2022/5/24	買進價格	197
	買進股數	5		買進股數	6		買進股數	6
	總成本	1,166		總成本	1,156		總成本	1,183
2022/4/14	買進價格	231.5	2022/5/5	買進價格	198.5	2022/5/26	買進價格	202
	買進股數	5		買進股數	6		買進股數	6
	總成本	1,158		總成本	1,192		總成本	1,213

表 3-6　穩懋買入紀錄 -2

買入日期	買入資訊		買入日期	買入資訊		買入日期	買入資訊	
2022/5/30	買進價格	215.5	2022/7/19	買進價格	180	2022/8/5	買進價格	164.5
	買進股數	6		買進股數	4		買進股數	5
	總成本	1,294		總成本	721		總成本	823
2022/6/13	買進價格	216.5	2022/7/21	買進價格	184	2022/8/11	買進價格	165
	買進股數	5		買進股數	3		買進股數	4
	總成本	1,083		總成本	553		總成本	661
2022/6/17	買進價格	207.5	2022/7/26	買進價格	168.5	2022/8/14	買進價格	170.5
	買進股數	6		買進股數	4		買進股數	4
	總成本	1,246		總成本	675		總成本	683
2022/6/22	買進價格	202	2022/7/27	買進價格	153	2022/8/15	買進價格	176.5
	買進股數	6		買進股數	8		買進股數	5
	總成本	1,213		總成本	1,225		總成本	883
2022/6/30	買進價格	194.5	2022/7/27	買進價格	154	2022/8/16	買進價格	174
	買進股數	5		買進股數	5		買進股數	5
	總成本	973		總成本	771		總成本	871
2022/7/4	買進價格	175	2022/7/28	買進價格	157	2022/8/22	買進價格	172.5
	買進股數	5		買進股數	7		買進股數	10
	總成本	876		總成本	1,100		總成本	1,726

買入日期	買入資訊		買入日期	買入資訊		買入日期	買入資訊	
2022/7/6	買進價格	165.5	2022/7/29	買進價格	156	2022/8/23	買進價格	170.5
	買進股數	5		買進股數	8		買進股數	8
	總成本	828		總成本	1,249		總成本	1,365
2022/7/7	買進價格	163	2022/8/1	買進價格	158.5	2022/8/24	買進價格	168.5
	買進股數	4		買進股數	4		買進股數	10
	總成本	653		總成本	635		總成本	1,686
2022/7/8	買進價格	169.5	2022/8/2	買進價格	156.5	2022/8/25	買進價格	169
	買進股數	5		買進股數	4		買進股數	10
	總成本	848		總成本	627		總成本	1,691
2022/7/13	買進價格	168.5	2022/8/3	買進價格	157	2022/8/26	買進價格	172.5
	買進股數	4		買進股數	4		買進股數	10
	總成本	675		總成本	629		總成本	1,726

表 3-7　穩懋買入紀錄 -3

買入日期	買入資訊		買入日期	買入資訊		買入日期	買入資訊	
2022/8/29	買進價格	163	2022/9/27	買進價格	135	2022/10/24	買進價格	125
	買進股數	15		買進股數	15		買進股數	73
	總成本	2,446		總成本	2,026		總成本	9,131
2022/8/30	買進價格	162	2022/9/28	買進價格	130.5	2022/10/25	買進價格	116
	買進股數	15		買進股數	15		買進股數	13
	總成本	2,431		總成本	1,958		總成本	1,509
2022/8/31	買進價格	174	2022/9/28	買進價格	128.5	2022/10/31	買進價格	120.5
	買進股數	10		買進股數	12		買進股數	10
	總成本	1,741		總成本	1,543		總成本	1,206
2022/9/1	買進價格	172.5	2022/9/28	買進價格	127	2022/11/9	買進價格	137
	買進股數	15		買進股數	12		買進股數	10
	總成本	2,588		總成本	1,525		總成本	1,371
2022/9/2	買進價格	168.5	2022/9/29	買進價格	123	2022/12/20	買進價格	141
	買進股數	10		買進股數	30		買進股數	35
	總成本	1,686		總成本	3,692		總成本	4,938
2022/9/5	買進價格	161.5	2022/9/30	買進價格	120.5	2022/12/28	買進價格	140.5
	買進股數	10		買進股數	20		買進股數	70
	總成本	1,616		總成本	2,411		總成本	9,842

買入日期	買入資訊		買入日期	買入資訊		買入日期	買入資訊	
2022/9/7	買進價格	159	2022/10/3	買進價格	123	2023/1/6	買進價格	151.5
	買進股數	10		買進股數	15		買進股數	12
	總成本	1,591		總成本	1,846		總成本	1,819
2022/9/8	買進價格	163.5	2022/10/6	買進價格	131.5	2023/5/3	買進價格	165
	買進股數	13		買進股數	20		買進股數	25
	總成本	2,126		總成本	2,631		總成本	4,127
2022/9/14	買進價格	162.5	2022/10/7	買進價格	127.5	2023/5/15	買進價格	144.5
	買進股數	15		買進股數	10		買進股數	21
	總成本	2,438		總成本	1,276		總成本	3,036
2022/9/15	買進價格	163.5	2022/10/11	買進價格	122.5	2023/7/10	買進價格	170.5
	買進股數	10		買進股數	15		買進股數	30
	總成本	1,636		總成本	1,838		總成本	5,118
2022/9/16	買進價格	161.5	2022/10/12	買進價格	121	2023/7/14	買進價格	177
	買進股數	12		買進股數	15		買進股數	30
	總成本	1,939		總成本	1,816		總成本	5,313
2022/9/19	買進價格	159	2022/10/12	買進價格	122	2023/7/25	買進價格	171
	買進股數	10		買進股數	30		買進股數	18
	總成本	1,591		總成本	3,662		總成本	3,080

買入日期	買入資訊		買入日期	買入資訊		買入日期	買入資訊	
2022/9/20	買進價格	158	2022/10/14	買進價格	128.5	2023/7/26	買進價格	166
	買進股數	10		買進股數	18		買進股數	25
	總成本	1,581		總成本	2,314		總成本	4,152
2022/9/21	買進價格	154.5	2022/10/18	買進價格	129.5	2023/7/28	買進價格	167
	買進股數	10		買進股數	12		買進股數	19
	總成本	1,546		總成本	1,555		總成本	3,175
2022/9/23	買進價格	143	2022/10/19	買進價格	129.5	2023/8/1	買進價格	150.5
	買進股數	20		買進股數	15		買進股數	50
	總成本	2,862		總成本	1,943		總成本	7,530
2022/9/26	買進價格	140	2022/10/20	買進價格	125.5			
	買進股數	15		買進股數	10			
	總成本	2,101		總成本	1,256			

資料來源：作者整理

第一筆於 2021 年 5 月 17 日，買進零股 100 股，每股價格為 298.5 元，當時的想法是它從 2021 年 1 月份歷史高點 467.5 元修正下來，價格打了六折，已相對吸引人，但不確定是不是會繼續向下，所以就先少量買，有跌再加碼。

　　但接下來 2021 的下半年，穩懋的股價約在 300 元至 400 元間徘徊，因為沒有再更低價，所以也就沒有再加碼。到了 2022 年受消費性電子產品庫存的影響，其股價從 1 月份的高點 387.5 元，一路跌到 107.5 元來到波段低點，而這段期間自己也一路加碼零股，截至 2023 年 8 月 1 日，共買了 1,346 股，也把持有成本降至每股 166 元左右。

　　2023 年，雖然半導體景氣因 AI 議題而大爆發，但中國解封後，消費力道卻不如預期，使得手機調整庫存時間拉長。2023 年第二季中國的經濟成長為 6.3%，低於多數分析機構預期的 7%，也造成穩懋從 2022 第四季起至 2023 年第二季，連續三季虧損。在 2023 年中，半導體相關類股，具備所謂「價值」型的個股已不多，但我認為此時的穩懋就是其中之一。所以如上表所列，我仍持續小量買入零股。

　　雖然穩懋在 2023 年 7 月 31 日的法說會中提到，智慧型手機需求有些回升的跡象，預期第三季營收會較第二季成長。但不論有什麼再好的消息，我都不會重押，並且控制單一個股的投資金額在總投資金額的 5%以內。

表 3-8　穩懋財務狀況

季度	股東權益報酬率（％）	每股盈餘	毛利率（％）	營收（億元）
2021 第三季	4.3	3.66	38.8	67.6
2021 第四季	4.7	4.18	40.5	72.2
2022 第一季	2.2	2.08	30.6	56.0
2022 第二季	1.6	1.52	30.2	53.0
2022 第三季	0.7	0.83	16.0	39.1
2022 第四季	-0.5	-0.18	22.2	35.3
2023 第一季	-1.4	-0.95	11.4	28.6
2023 第二季	-0.8	-0.23	20.1	39.4

資料來源：台股價值站

　　多數的情況下，通常連續兩季虧錢或是毛利率一直下滑的公司，我會考慮將他移出我的庫存，但某種程度上，這又牴觸我的「價值」投資觀念，因為價值投資就是要在股價被低估，不被市場青睞時買進，而什麼時候會有這樣的情況呢？答案就是公司處於逆風時或是整個大盤走入空頭時。那麼，當股價持續下跌，該如何判斷該持續買入還是停損呢？

我的做法是

(1) 看這間公司過去的表現：下表為穩懋 2018 至 2022 年的財務狀況，可以看到除了 2022 的獲利與股東權

益報酬率有跳水式的下降外，其餘 4 年股東權益報酬率都有 10％以上。不僅如此，從 2011 年上櫃以來至 2021 年，連續 11 年，都持維在 10％以上股東權益報酬率，且獲利都是正值，已足以說明該公司的體質與穩定獲利的能力。

我的想法是，雖然智慧型手機成長放緩，甚至不再成長，但仍有一定的需求。此外，公司也了解此問題，對於 5G 基礎設施、無線網路技術的提升及車用感測器技術的布局等，都是未來潛在的趨勢。

(2) 看這間公司在該產業的地位：穩懋是全球最大的化合物半導體代工晶圓廠，以產能計算為全球排名第三，市占率約 9.2％，若以委外代工市場統計，市占率高達 77.3％，客戶包含了全球通訊大廠， 如 Broadcom、Murata、Skyworks、Qorvo 與 Lumentum 等。待手機市場復甦後，原有高市占與擁有大廠客戶群的優勢，就能展現出來。

(3) 看這間公司的股本大小：當公司的規模太小，營運有可能撐不住一、二年的逆風而面臨倒閉的風險，即使後續景氣回春也於事無補了。穩懋的股本為 42.39 億元（2023 年 8 月 5 日，公開資訊觀測站），雖為上櫃股票且股本小於 50 億元，在本書定義為小型股，

但按股本大小排名來看，穩懋為台股 1,779 檔中的第 240 名，約前 13％的公司，我認為已相對安全。

(4) 看自己是否想要長期持有：不管是未來總體經濟的轉變或是市場裡的變化，短期波動都是很難預測的。但長期來看，半導體無疑是持續向更好的方向發展。若是想要持有數個月賺個波段財，那就不適合買入處於逆風的公司，因為沒人說得準會逆風多久，就像是 2022 年初，市場普遍認為 2023 下半年消費性產品庫存將去化完成，但事實證明，多數人當時的預測都是失準的。

以上四點並不是絕對必要，只是當符合的項目越多，向下買就相對越安全。

表 3-9　穩懋的財務狀況

穩懋（3034）	股東權益報酬率（％）	每股盈餘（元／股）	現金股利（元／股）	毛利率（％）	營益率（％）	營收（億元）
2018	11.9	7.39	5.00	31.3	18.5	173
2019	15.9	10.59	7.00	38.2	26.0	214
2020	19.7	15.45	10.00	41.4	30.5	255
2021	14.3	12.90	8.00	37.3	24.5	262
2022	3.9	4.25	2.50	25.8	8.1	183

資料來源：台股價值站

除此之外，在 2022 年一路向下買的標的還包含了義隆、寶雅、聯詠、台積電、聚鼎、中信高評級公司債、元大美債 20 年、鮮活果汁 -KY、桂盟、統一 FANG+、全家與台泥等公司。

在空頭期間買股票，幾乎都是現買現套，換句話說，前幾筆買入的成本都是相對高的。例如我在 2022 年試著布局的南帝、環球晶、富邦媒與中租 -KY，買入第一筆的時間點，都在自己認為的相對價值區（波段相對低點），但買入之後仍持續一大段的跌幅。一樣抱持著分批慢慢向下買的心態，到 2022 年底結算時，成本都明顯地降低。降低持有成本除了能提升獲利的空間外，對於心態上的幫助也非常大。

舉例來說，我在 2020 年 11 月 12 日買進一張中砂，價格為 59.6 元，經過 2021 與 2022 年的配息，成本約來到 54.5 元。2022 年 8 月中砂來到波段高點 183 元，之後開始向下修正到 97.4 元，約兩個月的時間跌了 46%。

一樣是跌了 85.6 元，但對於成本在 150 元的人，等於從賺 22% 變成賠 35%，心態上很容易受不了帳上的虧損而賣在相對低點。但對我而言，是從賺 235% 變成賺 78%，看起來少賺很多，但股價修正的過程中，都是賺錢，跟從小賺變成大賠的心理感受，差異是相當大的。所以盡可能地降低自己的持有成本，長線投資時不僅可以提升實值獲利，也讓自

己更能承受大幅的股價修正。

分批慢慢向下買，這幾個字說起來很容易，但實際做起來需要有一些認知與紀律。首先要明白大部分趨勢向下（月線或季線下彎）的股票，都不是短期就會 V 型反轉的，也因如此，「慢慢買」這個動作就很重要。若是無法克制購買頻率，就規劃可動用的資金，降低每次買進的金額，將戰線拉長至數季，因為只要手上還有錢可以加碼，就會減少對於崩跌的恐懼。

再來就是分散檔數，針對單一檔個股，即使跌了 50％，對於整體投資組合的表現也不會有很大的傷害。那麼對於過去獲利表現優良的好公司，就更能沒有壓力地越買越低。

總結左側交易的分批向下買，常見的問題是：

1.為什麼敢一直向下買，不怕買到下市嗎？

2.為什麼能一直向下買？錢沒有那麼多怎麼辦？

首先，「為什麼敢」一直向下買？這件事對我而言是基於兩個原因，第一是標的的選擇。若一間公司過去 5 至 10 年的每股盈餘、股東權益報酬率與配息都相對穩定，毛利率沒有逐年向下掉，也沒有經營相關的負面消息，以上述指標就已排除一大部分變壁紙的風險。

另一部分的風險就靠著投入的資金做控管。一開始就要

設定每一檔個股在自己投資組合中的比例，不論股價多麼地被低估，看起來多便宜，都不該為了拚一次翻身，或是為了抄底而買進超過原本預計的投資比例。雖然這樣可能沒有辦法在某一場戰役中致富，但也保護自己，避免在每一次降低成本的過程中畢業。

投資人除了可以透過財報數字了解股市發展長期向上的趨勢，與每間公司經營者的努力，個人認為仍需要一些「信念」或「信仰」的支持，才能在市場一片悲觀時，堅定地持續買入。

也就是說，以大方向而言，投資人對於未來要保持正向且樂觀的態度。多數人喜歡買在財報公布三率三升後（三率指的是毛利率、營業利益率和稅後淨利率）；我則認為財報三率三降後的股價更吸引人。兩者的差別在於，前者有機會因為新聞媒體的報導造成股價短時間內向上衝一波。但其實財報公布後，你知我知大家都知道，股價向上還有多少空間，投資人要仔細思考，財報受媒體關注而造成股價上漲的現象，此時的股價其實是包含了很多樂觀的「情緒」在裡面。個人認為若因此讓股價與季均線的乖離過大，那此時買進的風險是大大提升的。當股價的位階越高，受傷的機率也容易提高。

表 3-10　作者 2022 年分批向下買的個股

項次	股票	2021 年 12 月 31 日持有 股數	2022 年 12 月 31 日持有 股數	2021 年 12 月 31 日持有 成本	2022 年 12 月 31 日持有 成本	2022 年 成本降 低%數
1	穩懋	100	1,116	298.5	166.5	44.2%
2	義隆	350	2,115	152.3	100.8	33.8%
3	寶雅	220	324	467.3	400	14.4%
4	台積電	226	561	570.2	488.2	14.4%
5	聚鼎	400	2,059	95.1	69.3	27.1%
6	聯詠	174	347	449.4	307.8	31.5%
7	中信高評級公司債	625	5,721	44.5	36.3	18.4%
8	元大美債 20 年	1,000	5,723	42.0	34.3	18.3%
9	鮮活果汁 -ky	152	399	366.2	279.2	23.8%
10	桂盟	110	302	201.9	167.4	17.1%
11	統一 FANG+	630	2,517	49.2	40.7	17.3%
12	全家	115	276	261.3	219.0	16.2%
13	台泥	480	2,387	48.3	38.8	19.7

項次	股票	2022 第一筆購買股數	2022／12／31持有股數	2022 第一筆購買成本	2022／12／31持有成本	2022 年成本降低%數
14	南帝	150	2,983	80.3	46.1	42.6%
15	環球晶	20	258	721	488.3	32.3%
16	富邦媒	6	101	740	624.5	15.6%
17	中租-KY	35	286	236.5	191.5	19.0%

資料來源：作者整理

　　再來，「為什麼能」一直向下買？這就牽涉到資金控管與現金流。投資過程中，資金控管不是一件容易的事，特別在股市一直向下跌的過程中，更能顯示其重要性。例如 2022 的空頭年，大部分的標的都是越買越便宜，左側交易者若沒有克制購買的量與次數，很容易在起跌點就把資金用完，接著只能看著股價破底再破底而沒有參與的機會，這是非常可惜的。

　　此外，增加自己的現金流也是提升投資績效的一種方式，所謂的本多終勝就是有源源不絕的現金流，除了靠本業的努力，再來就是股票出借及適度運用的槓桿。

■ 投資策略是否需要隨著景氣而調整？

若是動能派，或是依據消息面或題材面進行選股的投資人，需要隨著不同的時空背景找到符合指標的公司，而找到的標的也可能在相對短的時間內，就會被更換或取代。此類型的投資優點是資金的使用效率會比較高，但缺點就是需要不斷地花時間尋找標的。

而我使用的方式，經過 2019 到 2021 的多頭與 2022 的空頭，雖然時間不算長，但到目前為止，並不需要因應多頭或空頭而做出大幅度的改變。我承認這並不是最好、獲得最佳報酬的方式，但這確實是相對輕鬆的方式。

理想上，在多頭時期，持續加碼股價表現好的強勢股，能在短時間有較好的報酬；而在空頭時期，就多買一些有殖利率保護，股息相對高的個股，較能有抗跌的效果。這個方式並不是不好，但是對於市場或是總經面的多空轉換需要相對敏銳，也需要多做些功課。

目前仍是上班族的我做不來。我認為長期持有好公司，在已經控制好每檔個股的比例下，並不需要隨著景氣的變動而調節持股。對於持股的加碼，單純用價格來決定，因為在公司的體質沒有大幅變動的情況下，價格越低，投資的價值就越高。

■ 投資難或簡單，取決於自己的心態

進入股票市場後，腦海中浮現的想法都是要如何賺快錢。對於想要透過「交易股票」來獲利的人而言，投資確實是件很困難的事，特別是非全職交易者，很容易就會因為賠錢，而對股票市場敬而遠之。

如之前所提到的，長期存股投資，時間越久越好，若覺得 30 年太久，起碼也要有 20 年的心理準備，把時間拉長，較能沒有壓力地持續累積存股的部位。若你覺得不想上班，想透過投資來換取更多的自由時間，那麼請記住，在夢想還沒實現之前，反而是要更努力地上班，爭取更多的薪資報酬以累積投資金額，才能加速到達目標。

「夢想」的存在，對於每個人都是很重要的，它關係到一個人日常生活中面對事情的態度、賺錢的目的，更關係到活著的意義。我很喜歡問朋友：「你的短、中、長期夢想是什麼？」有些人會搖搖頭說：「沒有仔細想過耶！」一個人活著如果沒有夢想，就好像走在一條沒有目的地的街上。每天上班、下班，過著日復一日的生活，對於生活的人事物不會有什麼感受，也不知道為了什麼賺錢，我覺得很可惜。

夢想不一定要非常偉大。只要是能讓自己或家人開心都好，可以是定期的旅遊，可以是提升生活品質，可以是買回自己的時間，也可以是給家人過更好的生活等等。設定一個

目標後，就以本業為主，投資為輔努力地朝目標前進，讓生活的每一件事，都變得有意義。

■ 存股與波段並非只能二選一

2021 到 2023 年間，除了持續投入存股外，我也挪用了一筆買房的頭期款來做所謂的「波段操作」。當然這風險比較大，要先想到最差的情況，若是把頭期款賠掉，是要另外賣股票來支付的。

這也提醒我操作要更加謹慎。所謂的謹慎，就是（1）要等到有把握時再出手；（2）雖然說是波段，但也盡可能地拉長投資週期。當初離繳交頭期款的期限尚有 2 年多左右，時間越久，風險就越小，勝率也相對能提升；（3）分批買，不追高。我進行波段操作時，手法與長期存股不同。波段操作時，我會限定使用兩成以內的資金進行布局，避免失心瘋過度重押而造成無法承受的損失。此時我就會將可投入的資金集中在少數幾檔股票來放大獲利。而長期存股時，單一檔個股的比例僅會控制在 5% 以下。對我而言，兩者的差異點如下表。

表 3-11　波段操作與存股的差異

	波段操作	長期存股
投入時間	在一段時間內（約 2 季）把錢投完	持續買，沒有時間限制
投資週期	數個季度	沒有規劃賣出時間
投入金額	用規劃好的預算購買	有錢就買，沒有金額限制
投入檔數	集中少數個股，限定 1 至 3 檔	分散投資，沒有設限檔數

資料來源：自己的操作心得

➊ 興富發的波段操作想法

把錢放在銀行的活存，不如放在股票庫存，增值的期望值相對來得高。興富發過去幾年內股息配發相對穩定。2021 上半年，在以下條件成立下：（1）過去穩定配息；（2）當時研判未來五年房市不看淡；以及（3）當時股價位階不高，我陸續在兩季的時間內買了 60 張興富發，持有 1 年至 1 年半後全數賣出，含息獲利約 30 萬元。

後來賣掉這 60 張興富發不是因為不看好這個標的，而是因為繳工程款的期限快到了。在有時間限制的操作中，對於賣出的時間點其實沒有太多的選擇，這也是一開始就該有的認知。這中間經歷了 2022 年的空頭年，或許是自己當初的判斷正確，股災時相信當初的判斷，再加上一些運氣，使得這筆波段操作能賺到錢。

但是，永遠要記得獲利與風險是相生相伴的，若今天換選別檔股票，遇到空頭年是很有機會賠錢的。而空頭年發生的時機點也是很難預測的，這也是為什麼我認為波段操作是比較難被複製的原因，但可以記下每一次賺錢或賠錢，當時的心態與做法，歸納出屬於自己的邏輯，進而提高勝率。

❷ 亞洲藏壽司的波段操作想法

2022 年 6 至 7 月，是原本預計要繳最後一期工程款的時間，但建商延期了，而且一延就是半年，讓我又起心動念，想再次把手上的資金暫投入股市，只是這次波段投資的時間又更短了，風險也更大了。亞洲藏壽司是自己一直持續觀察的公司之一，最後基於兩個原因，我決定把資金暫時放在此檔股票上。

首先，我本身就喜歡吃藏壽司。離家最近的藏壽司分店，每逢假日一定爆滿，沒有事先預約訂位，排隊排個一小時以上是司空見慣的事。這不代表所有分店生意都這麼好，但透過網路的訂位系統了解各家分店的內用狀況，證實生意也都很好。

第二，觀察大戶與散戶的籌碼。雖然我不是籌碼專家，但當時發現半年來大戶的持股人數與比例持續地微幅增加，散戶的持股人數與比例則剛好相反，股價又遲遲沒有什麼太

大的波動，增加了我買入的信心。

　　此次的操作，大約在半年的時間內賺了 63 萬元，買進價格在 90 元左右，賣出價格在 140 元。雖然脫手後，股價持續漲到了波段高點 225 元，但這就是在時間限制下，投資的風險之一。可能時間到了，即使賠錢也要賣；也可能時間到了，即使你覺得它還有上漲空間，仍是得賣出。

■ 存股需要的紀律

　　大家都知道技術派的投資者需要嚴守紀律，如跌破重要的均線或是支撐，該停損就要停損，以免被套牢，原本想做波段，卻不小心變成長期股東。在以降低風險為原則的情況下，存股需要以下的紀律：

1. 當股價與季均線乖離過大，就暫時不追高。相反的，若股價低於季均線，就可以將資金分散，於二至四季間陸續投入。

2. 在公司體質沒有出現重大轉變（例如連兩季以上的每股盈餘為負值、毛利率連續三到四季衰退等）的情況下，當股價低於持有成本，就該有紀律的分批向下買進，而且帳上負報酬越高（或是與季線負乖離越大）的標的越優先買。

至於該如何停損？其實，很難讓每次的停損都是正確的決定。就跟停利一樣，拉長時間來看，停損與停利的確有其必要性，但過度的停損與停利反而是多餘的。我一開始考量停損原因，還會參考帳面上賠了幾％，但其實停損的原因包含自己的成本因素在裡面，並不那麼客觀。

不僅如此，停損也不該是因為自己卡了多少錢在裡面、買了多久以後股價沒動等因素，而是要看公司的財務狀況。對我而言，有時候即使帳面上是獲利的，但財務數字不佳的趨勢確立，我仍會賣出並稱之為停損。

我在 2021 年間，對 8 檔個股進行停損，而當時的持股約 160 檔，代表僅 5％（（8 ／ 160）×100％）的停損率。2022 年間，我沒有對個股執行停損。到了 2023 年，截至 8 月 4 日，亦僅有 1 檔個股停損。停損不一定每次都是正確的，但要照著自己建立的方法走，用已量化的財報數字來輔助判斷，提升停損的正確率。

表 3-12　老吳停損標的與原因

停損日期	個股名稱（代號）	停損價位	2023 年 8 月 4 日價位	停損原因
2021 年 3 月 25 日	山林水（8473）	40.7	29.75	股東權益報酬率、每股盈餘與毛利率從 2016 年起至 2020 年，逐年下降
2021 年 9 月 6 日	維熹（3501）	48	49.45	股東權益報酬率、每股盈餘與毛利率從 2018 年起至 2021 年，逐年下降
2021 年 9 月 6 日	中鼎（9933）	35.95	40.15	股東權益報酬率與每股盈餘從 2017 年起至 2020 年，逐年下降
2021 年 9 月 8 日	福懋（1434）	30.6	26.1	2020 度與 2021 年股東權益報酬率皆低於 5%
2021 年 9 月 23 日	漢平（2488）	27.75	35.3	股東權益報酬率與每股盈餘從 2018 年起至 2021 年，逐年下降
2021 年 9 月 29 日	啟碁（6285）	71.7	118	股東權益報酬率與每股盈餘從 2015 年起至 2021 年，逐年下降
2021 年 12 月 6 日	雅茗 -KY（2726）	32.8	26.75	2020 年股東權益報酬率低於 5% 且 2021 年虧損
2021 年 12 月 7 日	大億（1521）	41.6	36.1	股東權益報酬率、每股盈餘與毛利率從 2019 年起至 2021 年，逐年下降
2023 年 3 月 8 日	慶生（6210）	36.3	34.2	股東權益報酬率、每股盈餘與毛利率從 2019 年起至 2022 年，逐年下降

資料來源：作者整理

上述停損的個股中，目前看來啟碁是相對比較可惜的案例，但若不是對個股研究非常深入，且了解該公司的未來發展，一般投資者很難在股東權益報酬率連5年下降後，仍對公司保有高度的信心。

啟碁為衛星通訊大廠，過往以衛星通訊產品代工為主，近年來積極擴展包含網路通訊、車用模組與天線解決方案與聯網家庭等產品線。隨著5G、Wi-Fi 6／6E、車用產品與低軌道衛星的成長，使其2022年的財報數字明顯好轉，並且直接反映在股價上。目前已經將此公司再次放入觀察名單中，等待好的布局機會。

3. 不要買正在話題上的熱門股，即使是好公司也一樣。記得在2021年9月，有朋友捎來私訊，說他很看好富邦媒並且已經持有，接著說明因為疫情的關係，已讓台灣消費習性從實體改為線上。不管是採購3C家電類、居家生活類或保健類商品，都可以不用出門，只須透過手機應用程式下單，因此商機龐大，推薦我可以入手。當時富邦媒的股價約每股2,000元，後續股價仍有向上的動能。

朋友講的我都同意，但看著股價陡峭的上漲斜率，再評估當時的近四季本益比（2020年第三季至2021年

第二季），以股價 2,000 元來計算的話，本益比已大約 100 倍。這是很驚人的倍數，即使接下來獲利會跟上，本益比仍處在一個非理性的數字。股市沒有什麼不可能，或許還會出現更不理性的本益比，但如此樂觀的心態，其實都伴隨著高風險，所以自己當下是不會考慮買進的。

雖說如此，我仍相信電商為未來的發展趨勢，故暫時把它放在觀察清單。直到 2022 年 6 月 17 日，才以 740 元的價格買進第一筆富邦媒零股。買進時，雖自認為已到相對低點，仍做好分數十批向下買的打算。果真，股價持續向下墜落，從 7ＸＸ、6ＸＸ、5ＸＸ，一路買到 4ＸＸ元，截至 2023 年 6 約 30 日，約一年的時間，買了 47 筆，將成本建立在 623 元。

只做到投資好公司是不夠的，還需要買在可以抱得住的價位，即買在相對低檔區。然而，在還沒有遠離低檔區前，沒有人知道哪邊算低檔。此時可以用一些指標輔助參考，例如殖利率、股價與季線相對位置與本益比等。當持有成本建立得越低，不僅獲利空間越大，心理的耐受度也會跟著變高。

■ 存股一定要低波動嗎?

Beta(β)值又稱為風險係數,可以反映出一檔個股相對於大盤波動的敏感性。當 Beta 值小於 1,表示該個股相對於大盤較為抗跌,但也抗漲;當 Beta 值大於 1,表示該個股不論上漲或下跌,都會較大盤劇烈;當 Beta 值等於 1,即表示該個股與大盤有相同的漲跌幅度。

個股的 Beta 值越高,表示股價變動的幅度也較大,會被視為風險較高的個股。當股價震盪劇烈,也考驗著投資者的持股心態。Beta 值可以至 Goodinfo 網站查詢。每檔個股在不同時期會有不同的數值,建議至少參考一年以上,會比較客觀。

「存股一定要存低波動的個股」,如此一來,可以讓存股者持有起來比較安心。特別是剛開始存股的新手,當大盤下跌時,滿手低波動個股,不僅能降低持股市值的回檔幅度,同時也能減少內心的恐慌程度。

只是,若人性是不貪婪的、容易滿足的,上述方式可能就不存在盲點。這看似完美的方式,若考慮到人性的貪婪、不滿足或是「想要多一點」的心態,就存在一個可能造成存股失敗的致命傷。

圖 3-2　風險係數查詢方法

熱門排行	全部類股 / 上市類股 / 上櫃類股 / 興櫃類股 / 產業細項 / 概念股 / 集團股 / 熱門排行 / 智慧選股 / 自訂篩選
技術指標	交易狀況 / 技術指標 / 法人買賣 / 融資融券 / 股利排行 / 月營收 / 獲利排行 / 資產排行 / 現金流量 / 持股狀況 / 其他

均線正乖離	均線負乖離	均量正乖離	均量負乖離	PEG
(── 選項 ── ∨)	(── 選項 ── ∨)	(── 選項 ── ∨)	(── 選項 ── ∨)	(── 選項 ── ∨)
日RSI	週RSI	月RSI	季RSI	年RSI
(── 選項 ── ∨)	(── 選項 ── ∨)	(── 選項 ── ∨)	(── 選項 ── ∨)	(── 選項 ── ∨)
日KD指標	週KD指標	月KD指標	季KD指標	年KD指標
(── 選項 ── ∨)	(── 選項 ── ∨)	(── 選項 ── ∨)	(── 選項 ── ∨)	(── 選項 ── ∨)
日MACD	週MACD	月MACD	季MACD	年MACD
(── 選項 ── ∨)	(── 選項 ── ∨)	(── 選項 ── ∨)	(── 選項 ── ∨)	(── 選項 ── ∨)
日威廉指標	週威廉指標	月威廉指標	季威廉指標	年威廉指標
(── 選項 ── ∨)	(── 選項 ── ∨)	(── 選項 ── ∨)	(── 選項 ── ∨)	(── 選項 ── ∨)
日DMI	週DMI	月DMI	季DMI	年DMI
布林%b	布林帶寬	風險係數(β)	標準差(σ)	年化標準差(σ年)
(── 選項 ── ∨)	(── 選項 ── ∨)	(一年β值 (高→低) ∨)	(── 選項 ── ∨)	(── 選項 ── ∨)
CDP逆勢操作指標				
(── 選項 ── ∨)				

資料來源：Goodinfo！台灣股市資訊網

　　為何這麼說呢？若把市場行情簡易地以多頭市場與空頭市場來區分，遇到空頭市場時，滿手低波動個股的存股者，會相對開心，因為股票資產減損的幅度，相對大盤而言可能比較小。

　　但別忘了，長期來看，多頭市場的時間會遠比空頭市場還要長。在多頭市場時，大盤的表現總是漲多跌少。當存股新手存了一堆低波動的個股後，看著股性較活潑、β 值較高的個股，一根又一根紅 K 棒在漲，那種失落感與市值增長的緩慢感，真的會讓人懷疑，存這些一動也不動的股票是對的嗎？

舉例來說，代表台股大盤的元大台灣 50 ETF（0050），受疫情影響，在 2020 年 3 月 19 日來到了波段低點。在各國寬鬆的資金政策影響下，台股與國際股市隨即展開了一波驚人的漲幅，直到 2022 年 1 月 17 日見到最高點，約漲了 22 個月。從 1 月 17 日之後，大盤就一路修正，來到當年度的 10 月 25 日，約跌了 9 個月的時間。

表 3-13 比較這兩個時段，0050 與其它 β 值相對低的個股績效（還原權值）。可以看出來，舉例中的低波動個股，在多頭時期，漲幅全部都落後 0050，但在空頭期間，績效卻全數超過 0050。

這邊可以明顯地看出低波動個股的優點與缺點。低波動背後的涵義就是低風險低報酬，也就是偏向防禦型的股票。存這類型的股票，除了要了解自己的個性外，也要了解低波動個股的特性，才不會在多頭時，覺得自己的股價漲幅太慢而放棄，轉而去追逐比較會漲（高波動）的股票，等到市況反轉時，才發現自己心態受不了較大的跌幅，而把股票砍在相對低點。

表 3-13 列出除了 0050 的其它 12 檔個股。這些個股是自己將歷年股東權益報酬率與每股盈餘篩選過一輪，並且持有的優質公司。其中，從 2020 年 3 月 19 日到 2022 年 10 月 25 日的還原權息報酬，有 6 檔超過大盤。

看到這邊，可別誤會贏過大盤很容易，其實長期來看，是非常不容易的。雖不容易，也不代表主動選股就一定不好。個人認為若有興趣、有自己的想法，在沒有壓力的情況下，主動選股並自己配置投資組合是件有趣、快樂、紓壓且有成就感的事。

此處用近期遇到的多空轉折點來舉例，較短的區間或許並不是非常客觀，但主要想表達的是，存股最容易放棄的時間點就是一開始的前幾年，因為時間不夠長，尚未感受到複利的威力，加上一般上班族投資的資金有限，若僅選擇少數低波動的個股，有機會選到績效落後大盤太多的個股，不僅最終打消存股的念頭，又浪費了時間成本。

我也是屬於喜歡低波動的投資者，但我追求的是總資產的低波動，並不是單一個股的低波動。這其中有什麼差別呢？將持股分散於不同產業別，並設定單一檔持股比例的上限，只要分散得夠廣，就可以很有效的降低持股的波動性。

除此之外，廣泛持股還有不少優點。首先，當市場的資金輪動到不一樣的產業或族群時，自己的持股都很有機會是其中成員。先不論這對整體市值的增長有幫助，心情或是心態上的滿足與成就感，就是存股初期的一大助力。

另一個優點，就是選股沒有太多侷限。只要是穩定獲利與配息的公司，就不用因為其它相對不那麼重要的因素而排

除。例如有些投資人認為電子股或是半導體相關類股，股價波動性太大，就不納入自己的持股。這其實相當可惜，因為當多頭時期，很多優質的半導體股，可以很有效地提升投資人的資產。

其實只要做好比例分配且現股持有（不融資），單一個股的股價波動性對整體資產的影響是很小的。

Beta 值越高，表示股價變動的幅度也越大，會被視為風險較高的個股，但高波動的風險並不代表個股營運或是本身體質上的風險。以下舉例近三年（2020、2021 與 2022 年）我認為 Beta 值高的好公司。

如果持有上述高 Beta 值的個股，近三年應該都是獲利的，而且是數以倍計。但單純持有這些高 Beta 值的個股，遇到像 2020 年 3 月的股災（當時，新冠病毒帶來全球經濟衰退的疑慮，台股從 11,525 點跌到 8,523 點），多數人是會抱不住的。主因就是股價高低起伏過大，看著自己資產在短時間內快速蒸發，幾乎都會出現趕快逃的想法，然後就容易把股票砍在相對低點。

表 3-13　波動率在多頭及空頭市場的表現

個股 （代碼）	2020 年 3 月 19 日至 2022 年 1 月 17 日	2022 年 1 月 17 日至 2022 年 10 月 25 日	2020 年 3 月 19 日至 2022 年 10 月 25 日
元大台灣 50 （0050）	62.59-143.20 （128.7%）	143.20-94.57 （-33.9%）	51%
卜蜂 （1215）	37.34-72.14 （93.1%）	72.14-75.5 （4.6%）	102.1%
統一 （1216）	56.06-66.09 （17.8%）	66.09-65.5 （-0.8%）	16.8%
廣隆 （1537）	95.84-131.36 （37%）	131.36-133.5 （1.6%）	39.2%
新巨 （2420）	21.40-39.13 （82.8%）	39.13-37.35 （-4.5）	74.5%
互盛電 （2433）	34.8-48.21 （38.5%）	48.21-45.93 （-4.7%）	31.9%
安馳 （3528）	26.85-46.71 （73.9%）	46.71-49.00 （4.9%）	82.4%
鎰勝 （6115）	29.57-39.74 （34.3%）	39.74-40.55 （2.0%）	37.1%
全國電 （6281）	48.61-77.17 （58.7%）	77.17-80.7 （4.5%）	66.0%
鉅邁 （8435）	37.77-56.69 （50.0%）	56.69-58.4 （3%）	54.6%
櫻花 （9911）	34.10-64.45 （89.00%）	64.45-58.9 （-8.6%）	72.7%
福興 （9924）	27.27-39.00 （43.0%）	39.00-39.8 （2%）	45.9%
中聯資源 （9930）	31.57-42.73 （35.3%）	42.73-44.9 （5%）	42.2%

資料來源：作者整理

表 3-14　近三年（2020、2021 與 2022）
Beta 值大於 1.3 的個股

個股名稱	股票代號	三年 Beta 值	2020 至 2022 年最高與最低股價
台半	5424	1.69	高：105 低：25.3
欣興	3037	1.57	高：261 低：23.65
環球晶	6488	1.48	高：972 低：290
家登	3680	1.48	高：383.5 低：89.1
聯發科	2454	145	高：1,215 低：273
興勤	2428	1.44	高：257 低：59.3
新唐	4919	1.41	高：205 低：27.2
台積電	2330	1.35	高：688 低：235.5
瑞昱	2379	1.33	高：621 低：162
帆宣	6196	1.3	高：195 低：47.15

資料來源：Goodinfo！台灣股市資訊網

所以我認為，確認公司的財務狀況才是首要任務，不需要因為 Beta 值較高就避開，僅需要分散式地持股，在投資組合中配置低 Beta 的個股，就能使整體的資產波動度降低，減少空頭來臨時的心理壓力，並且能持續買進跌深的股票。如此多空重複循環幾次，資產就會有很明顯的提升。

■ 只要做基本的篩選，要踩雷其實沒那麼容易

許多人認為自己選股票，很容易踩到雷（買到下市股票），股票存著存著就變成壁紙，依此判斷主動投資風險很高。或許主動投資比被動投資風險來得高，但在買入股票前，先簡易地了解該公司過去的表現，就可以避開大部分的地雷。

台灣證券交易所 2022 年 11 月 15 日宣布同開（3018）、中福（1435）與如興（4414）停止買賣。我們初步來看這三家公司過去五年的每股盈餘，很輕易地就能夠判斷這些公司並不符合穩定獲利的指標，所以並不適合長期持有。以「投資」的角度來看，甚至是連買都不該買，但若是「投機」就另當別論了，不過，投機必然要承受較大的風險。

表 3-15　三家停止買賣公司 2019 年至 2023 年
每股盈餘表現　單位：元

	同開（3018）	中福（1435）	如興（4414）
2017	0.88	0.01	-0.73
2018	-2.03	-0.1	-1.82
2019	-2.99	0.16	-1.43
2020	-0.8	-0.17	-0.16
2021	-4.18	0.05	-2.31

資料來源：Goodinfo！台灣股市資訊網

　　當然，這個簡易的方式並無法完全確保投資人不踩到雷。以康友 -KY（6452）為例，單以下市前五年每股盈餘來看，是很吸引投資人的。若公司惡意繳出不實的財報，一般散戶投資人也不容易察覺。這也是為什麼自己喜歡將資金分散在不同個股上的原因。即便看好某一間公司，也避免投入超過 5％ 的資金，萬一遇到這種情況，可以控制資產的縮水程度，不至於賠上整個投資生涯。

　　凡事都是一體兩面。資金拆得越散，短時間致富的機會就越低，資產的成長速度也可能相對緩慢些。每個人追求的方式不同，但不可否認，「穩健的投資」還是比較適合大部分的人。

表 3-16　2019 年至 2023 年康友 -KY 年每股盈餘　單位：元

	康友 -KY（6452）
2015	16.54
2016	13.9
2017	12.71
2018	14.29
2019	9.46

資料來源：Goodinfo！台灣股市資訊網

■ 不需要試著找出最強的組合

　　打造出績效最好的投資組合，聽起來很棒，但卻是有點不切實際的做法。去年績效最好，今年不一定是；今年績效最好，明年也不一定是。即使全職投資者，透過高頻率的調整持股，也很難找到每一年的最佳組合，更別說是一般上班族了。

　　透過簡易的指標，篩選出獲利相對穩定的公司，再將它們集合在一起，以基本面當作後盾，找出適合自己的投資組合。當市場出現不理性的下跌時，對自己持股的信心度高，抱得住股票，遠勝過挑到很會漲的公司，但跌下來時卻抱不住。

在自己的投資組合中，當某檔股票下跌時，你會擔心或是恐慌，就代表你不適合持有該檔股票。還有另一種情況，就是股票的整體水位太高，若影響到日常生活與心情，就該適度減碼，將錢放在自己覺得安心的地方。

一般來說，相對保守的投資人，都喜歡抗跌的投資組合，但同時，這些標的也抗漲。漲幅可以很大的投資組合，跌幅也會很大，有一好沒二好。在積極與保守之間，並非僅有 0 跟 1 的選項，而是可以有一個折衷的比例。

個人認為，選擇投資股價波動度較大個股，就是屬於積極型的投資人。概略的依產業型態來分類，屬於積極型的股票包括半導體類股或電子零組件相關類股等。金融股、通路股與電信股等，波動則相對比較低。

另外一個指標，則是可以依據公司股本（實收資本額）的大小來做為積極與保守個股的區分。當一間公司的股本小，少量的資金就能影響到股價的波動。

相較於小型股，多數的金融股，股本都超過 1,000 億，股價的波動性也就相對小，一天能有個 2% 以上的振幅已經相對少見，屬於較保守型的投資。但是，光以股本規模判斷一間公司的股票是屬於積極型或保守型，其結果並非絕對的。股市裡沒有絕對性的指標或訊號，大多都只能用來參考。

2022 年上市櫃公司共 1,779 家（上市 971 家、上櫃 808 家），若將股本在 100 億以上（即股票發行量 100 萬張）的公司股票定義為大型股，股本在 50 億至 100 億之間定義為中型股，股本小於 50 億定義為小型股，各級距的家數如下表所示：

表 3-17　台股不同規模公司數佔比

	家數	占比％
大型股	119	6.69
中型股	108	6.07
小型股	1,552	87.24

資料來源：作者提供

台股 87％以上的公司屬於小型股。小型股相對容易受市場情緒、題材刺激與人為操作等因素而股價劇烈震盪。若要打造保守一些的投資組合，除了分散投資與加入一些債券的部位外，也可以將組合加入一定比例的優質大型股，來增加抗震程度。以下為 2023 年 5 月，台股股本排行前 50 名的公司。

表 3-18　台股股本排名前 50 名的公司

排名	代號	名稱	股本（億）	排名	代號	名稱	股本（億）
1	2330	台積電	2,593	26	1301	台塑	637
2	2891	中信金	2,008	27	2610	華航	601
3	2883	開發金	1,843	28	1326	台化	586
4	2882	國泰金	1,620	29	1216	統一	568
5	2888	新光金	1,578	30	2633	台灣高鐵	563
6	2002	中鋼	1,577	31	2618	長榮航	536
7	2884	玉山金	1,428	32	1402	遠東新	535
8	5880	合庫金	1,401	33	2812	台中銀	502
9	2881	富邦金	1,400	34	5876	上海商銀	486
10	2886	兆豐金	1,394	35	2867	三商壽	460
11	2317	鴻海	1,386	36	2324	仁寶	441
12	2880	華南金	1,364	37	3711	日月光投控	437
13	2892	第一金	1,322	38	3682	亞太電	432
14	2887	台新金	1,307	39	2845	遠東銀	407
15	2303	聯電	1,250	40	6770	力積電	407
16	2885	元大金	1,250	41	2344	華邦電	398
17	2890	永豐金	1,214	42	2382	廣達	386
18	2801	彰銀	1,059	43	2838	聯邦銀	379

排名	代號	名稱	股本（億）	排名	代號	名稱	股本（億）
19	3481	群創	956	44	1314	中石化	378
20	6505	台塑化	953	45	1605	華新	373
21	2834	臺企銀	803	46	2356	英業達	359
22	1303	南亞	793	47	1102	亞泥	355
23	2412	中華電	776	48	3045	台灣大	352
24	2409	友達	770	49	2609	陽明	349
25	1101	台泥	736	50	2889	國票金	345

資料來源：Goodinfo！台灣股市資訊網

■ 先開始才知道要如何修正

每個人投資股票的方式都不一樣，但沒有人是一開始就很會投資，畢竟這是一門學校沒教的學問。我從小到大，對投資股票的印象就是媽媽常對我說的那句：「買股票沒有用，會賠很多錢。」

後來開始接觸股票後，才了解媽媽當時的用意，其實是要我「不要想靠著股票賺大錢，好好認真工作比較實在」。這個觀念在我經歷期貨、融資、當沖等短期交易後才領悟，很多時候想靠買賣股票走捷徑賺錢，卻是在繞路。但是，沒有先開始投資，就不知道什麼適合自己。

有些朋友很怕「賠錢」這件事，雖然心裡想著「存股」，但在買進後就一直很在意帳面上的未實現損益。投資人需要花一些時間建立好心態，「存股」要有感，需要持續投入一段很長的時間，需要一些信仰，且是無法一夜致富的。

股票不是只漲不跌，而且短期間的漲跌都是隨機性的，若是大家都能因為投資就賺大錢而不工作的話，那每天的上下班時段，就不會塞車了。要讓自己慢慢地習慣資產的波動。在尚未有穩健的心態前，不適宜投入太多金額，不然很容易受人性的貪婪影響而損失過多的本金與對投資的信心。

■ 投資組合績效與心得分享

我喜歡用 excel 記錄持股狀況，也常常在自己的粉絲專頁上分享未實現損益或是績效排名。對於報酬率較高的個股，多數用來純欣賞，並不會設定一個停利的標準，雖然有些個股會因為漲多沒有停利而錯過獲利，但長期來看有經過一定程度篩選的公司，多數的情況是因為沒有設定停利的標準，而得到更大的獲利。當獲利有些「異常」時，才需要做出適當的調整。

對我而言，當有停利的念頭出現時，就會時常在意股價的波動，也容易因此無法專心工作，並影響上班的品質。所以以存股為目標買進的標的，大部分只會考慮到停損，停利的操作相對少很多。另一方面也是因為停利後，又要思考如果這是好公司，是不是該要買回來？又該在什麼價位買回來？讓整個操作變得比較複雜。漲高賣，跌下來再買，雖然聽起來沒什麼，但是需要花較多的時間關心盤面，我認為這種太過於頻繁的買賣，並不適合上班族。

股市一定會有很多意想不到的變化，當多頭來臨或是個股受題材面的影響，持有個股的報酬率在數週或是數個月內大幅飆升至數倍以上，賣掉的獲利已經遠遠超過十年以上的股息，這時就要仔細思考是否售出市場激情堆積出來的股票，換股操作或保留現金。因為股市沒有只漲不跌的，在一

片樂觀的氣氛下，就抓最後一個留下來洗碗。

2023 年 6 月 9 號（星期五），手上有持股的技嘉收盤漲停，收盤價來到 240.5 元。自己在 2019 年底買了 1 張，經過 3 年的配息後，成本來到 32.5 元，此時的含息報酬率約為 639％，賣掉可以讓我賺進 20 萬左右。其實一路以來，在自己的腦海裡都沒有出現賣掉賺價差的念頭，也因為這樣才能一直抱著。而 AI 的題材讓許多股票在短期間內飆漲，看著這「異常」的價格，讓我開始認真思考是否要轉換標的。

我的爸爸是那種賺 3％、5％就想賣的人，大概跟我剛入股市的做法差不多，並不是不好，只是不適合我。但爸爸卻樂於這種操作，即使跟現在的我成了非常鮮明的對比，我還是很喜歡找爸爸談論股票，聽聽老人家的智慧與經驗。

6 月 11 號（星期日）跟爸爸聊天的過程中，他一直提醒我，「此時已有很多標的都漲多了，適時的調節一些因 AI 受惠的股票，不然抱上去又抱下來是很可惜的一件事。」

以我的操作模式（一直買，盡量不賣），也不是沒有「抱上去又抱下來」過。那種賺 100％、200％抱著不賣，後來又獲利回吐，早已習慣。但此次爸爸的提醒又讓我更確定我換股的想法，雖然不知道後面的空間還有多大，但股票不可能賣在最高點，買在最低點，賺到自己能賺的就好。

2022 年是個空頭年，多數的股票都是從年初開始越買

越低，當時還能淡定向下買的投資人不多，大盤從 18,619 點跌到 12,629 點，自己身旁的朋友大都在等跌破萬點，甚至 8,000 點的到來，想等到那時再來一口氣重押抄底。或許可能是看過股市崩盤的可怕，又或許是太過謹慎，最終很可惜，沒等到心裡預設的價位。

台股從 2022 年 10 月份起，就一路從 12,629 點漲到 2023 年 7 月份的 17,463 點。這 4,800 點的漲幅，那些還在等待跌破 10,000 點再買的人，無疑地就錯過了一段令人想不到的 V 轉。我是屬於左側交易派，也就是控制好一定的比例，越跌越買。2022 年間，我不僅持續每個月投入可用資金，還在現金流可承受的範圍下，透過信用貸款與股票質押的方式開了槓桿。並不是想要猜何時到達底部，而是讓自己有更多資金可以運用。

朋友問我說：「當時的報導都是悲觀的，市場氣氛都是恐慌的，完全沒有會漲的理由，現買現套，你怎麼敢一直買？」我回想了一下，簡短的回答：「大概就是價值與信仰吧。」當跳脫了想要短線獲利的思維，有了長期持有的堅定與累積被動收入的夢想，對於好標的，分批向下買，其實就不會有什麼心理負擔。至於如何跳脫想要短線獲利的思維，以我自己的案例，應該就是賠錢賠到覺悟。

自己的自組 ETF 在 2022 年的績效是 -10.52％，當時市

場上熱門的 ETF 績效分別是：

元大台灣高息低波（00713）：-7.15%

國泰永續高股息（00878）：-9.49%

元大高股息（0056）：-18.11%

元大台灣 50（0050）：-20.82%

此處並不是要比較短期的績效，因為並沒有太大的意義，主要是評估自己的選股是否背離整體市場行情太多，若是如此，就必須調整自己的投資組合，檢視自己的選股邏輯。

2023 上半年股市來了一個讓多數人都看不懂的走勢，在大環境不好的情況下，逆勢上漲 2,777 點。可見的統計數據包含：

1. 2023 年 5 月份景氣燈號為藍燈，為連續第 7 顆藍燈

2. 2023 年 5 月進出口統計，出口較去年同期減少 14.1%，是連續第 9 個月衰退。

3. 製造業無薪假人數從 2022 年 9 月的 3,434 人，至 2023 年 6 月已來到 8,577 人。

4. 上市櫃 2023 年首季營收為新台幣 8.96 兆元，年減 9.8%，首季稅前淨利 7,005 億元，年減 44.54%。

但其實長期投資不需要預測哪一年會漲，哪一年會跌，

漲或跌都是投資的好時刻，如同大家常聽到的那句話：「投資最佳的時機是十年前，其次是現在」。股市上漲、下跌都需要慢慢買、持續買，找自己可以接受的、買起來不會害怕的標的買。不要有那種等到崩盤再來買的心態。

　　長期來看，空頭市場的時機相對少，現在回過頭來看，2022 年的空頭，是個美好禮物，但在當下，又有誰會這樣想呢？哪天崩盤真的來臨時，那些在等待的人，依舊買不下手，因為等到股價打八折後，他們等五折，到了五折後，他們等三折，就這樣錯過一次又一次的投資機會。

圖 3-3　2022 年作者自組 ETF 的投資績效

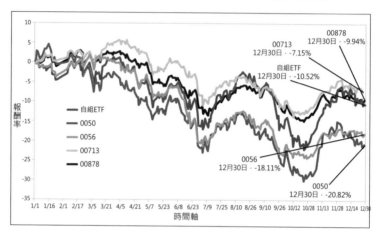

資料來源：作者整理

圖 3-4　2023 上半年作者自組 ETF 的投資績效

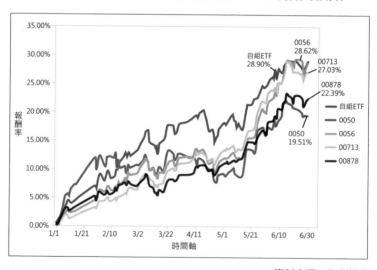

資料來源：作者整理

我多數的存股部位是從 2019 年的下半年開始買入，到 2023 的上半年（6 月 30 日）結算，剛好滿四年，計算年化報酬約 10.45％（若加上波段操作獲利，則年化報酬約 12.5％）。在長期的投資過程中，雖然這只是一段很短暫的時間，報酬也不是太厲害，但這數字確實激勵了我對自組 ETF 的堅持，也讓我在投資路上越做越有興趣。對於有興趣的事，就能沒有壓力，孜孜不倦地持續下去，這是一種正向循環，祝大家也能在投資的路上，找到屬於自己的方式，沒有壓力地持續累積資產，直到完成自己的目標。

年化報酬率的計算公式：

$$年化報酬率 = \left(\frac{本利和}{本金} \right)^{\frac{1}{時間(年)}} - 1$$

■ 風險的重要性：再怎麼有信心都不要重押 （all in）

在存股的過程中，看到周圍的朋友爆賺或是網路上的神人對帳單，偶爾也難免想要不我也來「賭一把」，把所有的錢都押在最看好的單一個股上，等漲一倍，我就離退休更近了。但隨著年紀的增長，有了家庭、小孩、房貸，看到了許多想「一夕致富」卻變成「一夕致負」的案例，靜下來好好思考後，了解風險才是投資最重要的事，這種「賭一把」的念頭，就會逐漸消失。

20 幾歲時，賠光可以重來，但若在 30、40 歲時賠光，甚至是負債，要重來是很困難的。當重押單一個股時，心裡對於未實現損益的耐受度是很低的。舉例來說，某個股只占我投資部位的 3％，我就可以內心沒有掙扎地抱到 400％、500％以上的獲利，也可以沒有壓力地承受 -40％、-50％的虧損。

但如果買到了整體投資部位的 30％，獲利等不到 40％，心裡就會開始想，要不要先調節一些？虧損超過 20％，就會開始恐慌，這也是我喜歡分散投資的原因，主要是為了降低風險，遇到黑天鵝時，仍能夠安心、安全地度過股災。

■ 不管何時，都留點現金

手上留有現金部位，除了要供生活及意外預備金使用外，還有一個很重要的功用，就是安定自己的心情。當黑天鵝來臨時，最讓人不安、無助及恐慌的不是滿手股票，而是手上沒有現金可以撿便宜。但前提是持股的配置，隨時都要準備好面對黑天鵝的出現。

舉例來說，槓桿開太大、持股過於集中、持股成本過高或持有多數體質不佳的股票，遇到黑天鵝就很容易直接從市場中畢業。唯有多元的持股組合及穩健的心態，才能在市場大逃殺的氛圍下，從容地加碼。

第四章 | 如何輕鬆掌握半導體遠大的投資機會？

本章節會簡單介紹一些半導體產業相關的個股。並非鼓勵大家每一檔都買，而是列出一些自己覺得可以觀察的好公司。但買好公司股票就一定能賺錢嗎？理論上是沒錯，但多久之後能賺錢，就取決於買進的價格。在這邊還是不厭其煩地提醒大家，不要因為看到某些利多的消息，就衝進去買，短線上的風險都是相對大的。

買任一檔股票前，至少先了解其產業及過去五年的財務表現。雖然這是很簡易的篩選方式，但我卻認為非常重要，而且在不重押的情況下，其實就很夠用了。

因為財報數字如股東權益報酬率、每股盈餘與毛利率，都是騙不了人的，它們可以直接反映出一家公司的獲利穩定性與產品競爭力，是綜合判斷指標。

產業研究單位或是法人機構，會有專業的研究員，針對公司的實際產品，以及該產品的優劣特性分析，但若不具備該行業的背景知識與人脈，做起來是很吃力且不討好的。

一般上班族很難獲得研究員層級的分析報告，只能從網路或法說會獲得相關的資訊。其實從長期持有的角度來看，公司發展的方向不會隨時在轉彎，所以並不需要花時間找所

謂「第一手消息」，這都是不切實際的。

　　投資台灣市場，絕對少不了半導體類股與半導體產業鏈，依晶片製造的順序及相關供應鏈可分類為下表：

表 4-1　半導體產業鏈

IC 晶片製造上游	IC 設計、矽智財（IP）
IC 晶片製造中游	IC 製造、晶圓製造
IC 晶片製造下游	IC 封裝與測試
半導體原料供應鏈	矽晶圓、再生晶圓
半導體設備供應鏈	製程或檢測相關設備商
半導體化學品供應鏈	製程需求化學品、清洗劑
半導體廠務端供應鏈	廠房維護與建置
半導體晶片通路	IC 買賣銷售

資料來源：作者提供

■ 積體電路（IC）設計

　　IC 晶片製造的上游主要包含 IP 設計業與 IC 設計業。IC 與 IP 設計業者，透過軟體進行晶片功能與線路的設計，設計完成後，再請晶圓代工廠製作出實體的晶片。多數的 IC 設計業者都沒有自己的晶圓廠，亦稱為無廠半導體公司或 Fabless。根據世界半導體貿易統計組織（World

Semiconductor Trade Statistics, WSTS）2022 年 5 月公布的資料，台灣的 IC 設計業，全球市占率為 24.3％，僅次於美國。

半導體技術的發展，一再改變人類的生活形態。各式各樣的半導體元件圍繞著我們，例如手機、電視、電腦、網路、汽車與各種家電產品等，其中 IC 設計又是整個產業上游的發動者。台灣的前三大 IC 設計公司分別為聯發科、聯詠與瑞昱。從這三間公司近年的營收與獲利數字，可以看出科技不斷地在進步，進步的速度可能有快有慢，但不會停滯不前。

對於投資人來說，IC 設計業中（不限於台灣前三大），可以尋找近五年表現相對穩定的標的進行追蹤。因科技發展的速度日新月異，與傳統產業不同的是，觀察的年份拉越長，與實際情況可能會越脫節，因為不論是產品的功能與種類，早已不可同日而語。故雖然必須耐心等待合理的價格，但不要有跌回十年前的價位才要買的心態。假設它是持續成長的公司，要回到十年線，不是不可能，但可能性很低。

聯發科、聯詠與瑞昱各自發展不同產業之晶片。聯發科整體營收約有五成來自智慧型手機晶片，瑞昱通訊領域晶片約占整體營收六到七成，聯詠的面板驅動晶片約占整體營收六到七成。

IC 設計公司的股價波動度比大盤劇烈。2021 至 2023 年間，因應人工智慧（Artificial Intelligence, AI）、物聯

網（Internet of Things, IoT）與第五代行動通訊技術（5th Generation Mobile Networks, 5G）等終端產品與應用面的拓展，促使整體半導體產業的加速發展。台灣前三大 IC 設計公司的營收也在 2018 至 2022 年之間翻 1 倍，獲利更是直接提升 4 至 6 倍。

市場上投資人對於獲利曲線快速成長的公司，本益比的評價也逐漸上升，特別是在多頭時期，會有股價一直被追買上去的現象。但當整體經濟成長放緩，需求減少的情況時，這些高速成長股雖然還是能獲利，其股價的修正也是很驚人的。

故要投資此類型公司，需要先了解其股價大幅波動的風險。有些投資人主張，像這種波段漲幅大的標的，應該以價差交易為主。這其實沒什麼問題，對於本益比、總體經濟狀況或是主力籌碼等指標研究深入的人，來回賺價差也是常見的獲利模式。

但我的想法是從 2018 年到 2021 年，這些股票的漲幅都是四、五倍起跳（下表為不包含除權息報酬），來回操作賺個幾十％，勞心又勞力，值得嗎？就算是抱著遇到 2022 年的股災，還原權息也都有一倍以上的獲利。所以龍頭型的好公司，雖然也會受景氣循環影響，但抱得住、時間拉長的情況下，是經得起考驗的。

表 4-2　主要 IC 設計公司 2018 至 2022 年的漲幅

	2018 最低→ 2021 最高	漲幅	2021 最高→ 2022 最低	跌幅
聯發科 （2454）	199.50 → 1,185.00	494%	1,185.00 → 533.00	55%
聯詠 （3034）	113.50 → 656.00	478%	656.00 → 208.00	68%
瑞昱 （2379）	101.00 → 621.00	515%	621.00 → 232.50	63%

	2018 最低→ 2022 最低	漲幅
聯發科 （2454）	199.50 → 533.00	167%
聯詠 （3034）	113.50 → 208.00	83%
瑞昱 （2379）	101.00 → 232.50	130%

資料來源：作者整理

2019 到 2021 年間，我看著這些 IC 設計龍頭成為不可一世的飆股，但完全沒有動心想入手，原以為就此與它們無緣了。直到 2021 的下半年，面板產業面臨供給過剩與庫存過高等問題，聯詠股價開始進行修正，才讓我找到投資的機會。股價從高點 656 跌到 505，心裡想說回檔了 23％，差不多可以分批向下布局了，於是就開始買零股來存，結果從 2021 年 7 月的 500 多元，一路買到了 4ＸＸ、3ＸＸ，到最後 2022 年 11 月的 2ＸＸ，每次大概就是 5 股、10 股這樣買。

朋友問：一直跌，你怎麼還敢一直買？我跟他說：我原本 2,500 元只能買 5 股，到現在 2,500 元能買 10 股，這樣不是越買越開心嗎？朋友又說：但帳面上都是虧損的，看了不會怕嗎？我回答：又不是賭身家重押（all in）在一檔股票，設定好預計投入的比例，然後就可以放心地向下買。到 2022 年 12 月 31 日為止，自己已將成本建立在 307.8 元。

聯發科也一直在我的觀察名單之中。有了聯詠在下跌過程中「太早接刀」的經驗，所以聯發科從 2022 年初，每股 1,215 元的歷史高點向下修正時，我一直提醒自己要沉得住氣，不要又太快入場。

一直等到 2022 年 9 月 26 日才買第一次的零股，以每股 572 元買了 5 股，接著陸續開始慢慢買進個位數的零股，沒想到 2022 年 9 月 30 日就見到波段最低點，接著就開始逐漸回彈。因為回彈的速度太快，導致沒建立到太多股數，反而

實質的獲利是相對少的。

　　這兩個例子要說明的是，就算聯詠買在相對高點，只要有規劃，勇敢地慢慢向下買，累積股數，實際上的獲利是會比較有感的。而耐心等到相對低點才買入，但因不敢大量買入，在尚未累積到足夠股數前，股價就快速漲起來，其實是很可惜的。「分批買入」這動作，雖未必是最好的，但是最適合大部分投資者的。只要克服內心的恐懼與擔心，投資起來就不會有壓力。

圖 4-3　**全球前十大 IC 設計排名**

2023 年第三季全球前十大 IC 設計排名			
排名	廠商	第三季營收（億美元）	季增率（%）
1	高通	99.04	5.6
2	博通	69.36	6.8
3	輝達	60.93	-14.0
4	超微	55.65	-15.0
5	聯發科	46.75	-11.6
6	Marvell	15.31	2.5
7	瑞昱	9.79	-5.5
8	聯詠	6.43	-39.9
9	Cirrus Logic	5.41	37.3
10	韋爾半導體	5.13	-25.8

資料來源：集邦科技

表 4-4　聯發科的財務狀況

聯發科 （2454）	股東權益 報酬率 （％）	每股盈餘 （元／股）	現金股利 （元／股）	毛利率 （％）	營益率 （％）	營收 （億元）
2018	7.8	13.26	10.00	38.5	6.8	2,381
2019	7.9	14.69	9.00	41.9	9.2	2,462
2020	12.0	26.01	10.50	43.9	13.4	3,221
2021	27.7	70.56	37.00	46.9	21.9	4,934
2022	27.1	74.59	73.00	49.4	23.1	5,488

表 4-5　聯詠的財務狀況

聯詠 （3034）	股東權益 報酬率 （％）	每股盈餘 （元／股）	現金股利 （元／股）	毛利率 （％）	營益率 （％）	營收 （億元）
2018	21.7	10.50	7.10	31.0	13.9	548
2019	25.0	13.03	8.80	32.0	15.3	644
2020	32.4	19.42	10.50	35.0	18.5	800
2021	70.4	63.87	15.60	49.8	35.3	1,354
2022	41.1	45.96	51.50	46.3	29.8	1,100

資料來源：台股價值站 APP

表 4-6　瑞昱的財務狀況

瑞昱 （2379）	股東權益 報酬率 （％）	每股盈餘 （元／股）	現金股利 （元／股）	毛利率 （％）	營益率 （％）	營收 （億元）
2018	18.7	8.57	5.50	44.7	8.2	458
2019	26.2	13.36	7.00	43.8	10.4	607
2020	31.0	17.24	11.00	42.8	11.1	778
2021	49.3	33.00	14.00	50.4	16.4	1,055
2022	37.8	31.62	27.00	48.9	14.1	1,118

資料來源：台股價值站 APP

■半導體智慧財產權核（Semiconductor Intellectual Property Core，簡稱 IP，又稱矽智財）

矽智財全名為半導體智慧財產權核（Semiconductor Intellectual Property Core，簡稱 IP），指晶片設計所使用的智慧財產權。隨著晶片的功能越來越強大，設計也日漸複雜，晶片設計產業的分工也更細緻，IP 產業也因此於近幾年受到相當大的重視。

透過 IP 公司提供可重複使用的功能組塊授權，IC 設計公司就能加速 IC 開發的過程，減少開發成本及提高產品良率。

整體而言，IC 設計對於 IP 產業的授權依賴性，將隨著終端需求與高速運算需求的增加而有顯著的提升。

一般來說，矽智財公司的營收來源可分為三種：分別是授權模式（License）、委託設計（Non-Recurring Engineering，NRE）與一站式服務（Turnkey）。若以 2022 年的營收排名，台灣的前三大 IP 公司分別為創意、世芯 -KY 與智原，亦有人稱為特殊應用 IC（Application Specific Integrated Circuit，ASIC）三雄。

其中創意的最大股東為台積電，約持有 35 ％股份，為 ASIC 領導廠商，提供包括系統單晶片整合（SoC Integration）、實體設計（Physical Design）與先進封裝技術（Advanced Packaging Technology）等服務。2022 年的產品營收比重，委託設計約占 26 ％，特殊應用 IC 及一站式服務約占 70 ％。主要客戶為 SK 海力士、蘇州盛科、信驊與大疆（DJI）。

其產品主要應用為消費性電子與網通，合計約占整體營收的 60 ％至 70 ％。2023 上半年，創意受惠於 AI 人工智慧與高速運算等題材，股價從 1 月 3 日的 641 元，到 6 月 30 日的 1,605 元，漲幅達 150 ％。

不過，雖然我也同意 AI 的需求會爆發且為未來的趨勢，對於類似這種股票已噴發，沒有上到車的個股，多數都會採

取觀望的態度。當好公司需要付出高成本買入時，萬一不幸遇到修正，心理壓力是相對大的。

世芯 -KY 主要從事特殊應用積體電路及系統單晶片設計與製造生產服務。根據 2023 年 Q1 的季報顯示，其終端應用有 81％屬於高速運算（HPC），其次是僅占 10％的消費性產品。股價在 2023 上半年，從 798 元漲到 1,795 元，漲幅達 125％。

值得一提的是，該公司在 2021 年亞太地區的營收占比為 74％。隨著美中貿易戰的持續對立，世芯迅速地調整營收比重，其 2023 年 Q1 的主要營收地區來源已變成北美洲，占比為 63％，亞太地區僅剩 25％，已大幅地縮小大陸營收占比，淡化美國政策對營運帶來的衝擊。

智原為聯電集團旗下的 IC 設計公司，以聯電為最大股東，持股比例為 13.77％（截至 2023 年 3 月 10 日）。其營收主要可分為委託設計與量產 ASIC 產品。2023 年第一季季報顯示，委託設計主要收入來源為智慧聯網（AIoT，即在物聯網技術中導入 AI 人工智慧系統）與通訊網路，分別占 41％與 25％，而量產的 ASIC 產品應用於醫療、車用、銷售時點情報系統、全球定位系統、航空、機器人等，占比48%，應用於 AIoT 產品占比 31%。

智原轉投資的雅特力（Artery）是一家微控制器

（Microcontroller Unit, MCU）設計公司，其微控制器收入在2023 年第一季約占營收6%，故微控制器的景氣循環對智原的本業收入影響有限。

上述三檔矽智財股具備高成長、高本益比與股本相對小等特性，故股價變動也較活潑。長期持有 IP 產業的投資人，需要先有一定的認知，以免股價的大幅震盪讓心態受不了，而多付出不必要的學費。此外，矽智財概念股，還包含力旺（3529）、愛普 *（6531）、晶心科（6553）與 M31（6643）等，有興趣的朋友可以多多了解各公司的營運狀態，在此就不一一介紹。

表 4-7　創意的財務狀況

創意 （3443）	股東權益 報酬率 （%）	每股盈餘 （元／股）	現金股利 （元／股）	毛利率 （%）	營益率 （%）	營收 （億元）
2018	23.5	7.37	5.00	29.8	8.2	135
2019	14.6	4.73	5.00	33.0	6.5	107
2020	19.3	6.34	5.00	30.0	7.1	136
2021	29.9	10.90	5.00	34.6	11.1	151
2022	55.7	27.69	7.00	34.7	17.1	240

資料來源：台股價值站 APP

註：台股市場上採用面額的公司，在股票名稱上會加註「＊」

表 4-8　世芯 -KY 的財務狀況

世芯-KY（3661）	股東權益報酬率（%）	每股盈餘（元／股）	現金股利（元／股）	毛利率（%）	營益率（%）	營收（億元）
2018	9.1	4.22	1.06	37.4	9.3	34
2019	13.9	7.20	1.50	37.2	10.0	43
2020	23.2	13.61	3.42	32.6	13.9	71
2021	20.9	21.34	6.62	34.2	17.5	104
2022	15.7	25.69	11.80	32.2	16.8	137

資料來源：台股價值站 APP

表 4-9　智原的財務狀況

智原（3035）	股東權益報酬率（%）	每股盈餘（元／股）	現金股利（元／股）	毛利率（%）	營益率（%）	營收（億元）
2018	5.0	1.06	2.70	53.1	5.8	49
2019	6.7	1.40	0.80	52.8	7.5	53
2020	4.4	1.08	1.10	47.3	2.7	55
2021	17.8	4.65	1.00	50.6	17.3	81
2022	29.3	9.88	3.30	48.8	22.4	131

資料來源：台股價值站 APP

■ 晶圓代工

IC 晶片製造中游為晶圓代工，台灣的兩大晶圓代工廠分別是台積電與聯電，其主要業務為製造出特定功能的晶片。

一般晶片的製造過程，可以分為前段與後段製程。前段製程主要是將設計完成的電路圖轉換為實體晶片的過程。因為線路為奈米等級，所以對環境的潔淨度與技術的含量要求相當高。

晶片的後段製程包含了測試與封裝。晶圓代工需要投入大量的資本，包含設備、材料與研發等，因此要維持長時間的高毛利率是相對困難的，但台積電為世界第一的晶圓代工廠，擁有技術領先、規模性量產與高附加價值等優勢，使其毛利率超過 50％，甚至超過 IC 設計公司。

依然記得在我開始存股的前期，約 2019 年中，當時的台積電價格為 250 元，但在對於高價股的恐懼下，始終不敢入手，直到使用零股分批買入的觀念建立後，才敢買入台積電，不過在買入第一筆台積電時，已是 2021 年的 1 月，以 617 元買入 33 股，雖然買入後不久就遇到 2022 年的大盤修定，台積電股價從 688 元一路跌到 370 元，自己也是一路買一路套，帳面上負損益了 1 年以上，但因為了解該公司的競爭力，且每次都是零股買進，並不會造成壓力及恐慌，反而因為把持有成本從 617 元降至 485 元也覺得很開心。

根據世界半導體貿易統計組織於 2022 年 5 月公布的資料，台灣的 IC 製造，全球市占率為 62.0％。全球市場研究機構集邦科技（TrendForce）的資料顯示，2022 年在 IC 製造方面，台灣市占率為 65％，其次是韓國 17％，接著是中國的 8％，這都顯示出，台灣的 IC 製造業遙遙領先。其中台積電是世界級的頂尖公司，而且就在台灣。

　　若您也正受高價股的心魔困擾著，遲遲不敢下手，不妨也試著透過零股少量持有，再慢慢建立到自己不會害怕的部位。長期持有具成長性的公司，對於資產的累積有著不錯的加分效果。

表 4-10　台積電的財務狀況

台積電 （2330）	股東權益 報酬率 （％）	每股盈餘 （元／股）	現金股利 （元／股）	毛利率 （％）	營益率 （％）	營收 （億元）
2018	21.9	13.54	8.00	48.3	37.2	10,315
2019	20.3	13.32	12.50	46.0	34.8	10,700
2020	29.8	19.97	10.00	53.1	42.3	13,393
2021	29.7	23.01	10.50	51.6	41.0	15,874
2022	39.6	39.2	11.00	59.6	49.5	22,639

資料來源：台股價值站 APP

近年來晶片的封裝又被區分為「先進封裝」與「傳統封裝」。先進封裝透過扇出式晶圓級封裝（FOWLP）、扇出式面板級封裝（FOPLP）、2.5D ／ 3D 疊堆、嵌入式晶片封裝（Embedded Die，ED）與系統級封裝（SiP）等方式，提高了功能的密度，也提升了晶片的性能，並增加散熱效能。除了台積電積極的發展先進封裝技術外，日月光與力成也相繼投入。

　　台積電以先進製程的晶片製作為主，而聯電則是以成熟製程的晶片製造為主。先進製程與成熟製程的定義是會隨著時間軸的推進而改變的。以現況而言，一般將 7 奈米以下包含 5 奈米與 3 奈米製程稱之為先進製程，而大於 7 奈米的14、28、40、65 甚至 90 奈米以上稱為成熟製程，兩者在晶片體積與終端應用的需求有顯著的差別。

　　上述的奈米數即是所謂的閘極長度，亦稱為製程線寬。台積電 7 奈米以下製程的應用包含了中央處理器（Central Processing Unit, CPU）、圖形處理器（Graphics Processing Unit, GPU）、人工智慧（Artificial Intelligence, AI）相關應用、加密貨幣採礦應用與智慧手機（5G 晶片）等。台積電 2023 年第一季法說會公布的營收數據，包含7 奈米及更先進的製程比重，營收達全季晶圓銷售金額的51％。

根據聯電 2023 年第一季法說會的資料顯示，其主要製程落在 22 ／ 28、40 與 65 奈米，其中 28 奈米主要的終端應用為電源管理、顯示器驅動、車用及影像處理器等產品。台積電與聯電雖然都是晶圓代工廠，但代工的技術與產品的終端應用截然不同。

表 4-11　聯電的財務狀況

聯電（2303）	股東權益報酬率（％）	每股盈餘（元／股）	現金股利（元／股）	毛利率（％）	營益率（％）	營收（億元）
2018	1.3	0.58	0.71	15.1	3.8	1,513
2019	3.0	0.82	0.59	14.4	3.2	1,482
2020	12.3	2.42	0.80	22.1	12.4	1,768
2021	21.3	4.57	1.60	33.8	24.3	2,130
2022	28.6	7.09	3.00	45.1	37.4	2,787

資料來源：台股價值站 APP

■ IC 封裝與測試

IC 晶片製造下游為晶片封裝測試廠，主要是測試與封裝中游製造完成的晶片，其中封裝材料與技術會直接影響到終端產品的可靠度與安全性。根據世界半導體貿易統計組織 2022 年 5 月公布的資料，台灣的 IC 封測，全球市占率為

61.5％。以 2022 年數據來看，營收的前五大分別是日月光投控、力成科技、京元電子、頎邦科技與南茂科技。

值得注意的是，隨著科技的發展，上述封測廠近 5 年不管在營收或是毛利率的表現都有逐步向上的趨勢，並且在股息的配發也相對穩定。雖然說電子類股的股價漲跌幅較大，但若以長線的角度來看，還是值得配置一些大型的封裝產業股。

日月光投資控股股份有限公司成立於 2018 年 4 月 30 日，是由日月光與矽品以股份轉換方式設立而成的投資控股公司。該集團 2022 年的先進封裝產品有 27％的成長，並看好此部分中長期的成長動能。

由 2022 年第四季法說會簡報看出，半導體的封測營收結構從 2021 年第二季起至 2022 年第四季，傳統封裝（打線封裝）與先進封裝（Bump／FC／WLP／SiP）有此消彼長的變化。隨著先進封裝需求的增加，此趨勢將持續下去，亦有助於提升整體的毛利率。

公司也申明，半導體封測年度結構性毛利率約在 25％至 30％之間，高於整體產品結構的 20％。

表 4-12　日月光財務狀況

日月光 投控 （3711）	股東權益 報酬率 （％）	每股盈餘 （元／股）	現金股利 （元／股）	毛利率 （％）	營益率 （％）	營收 （億元）
2018	12.5	5.95	2.50	16.5	7.2	3,711
2019	8.3	3.96	2.50	15.6	5.7	4,132
2020	13.1	6.47	2.00	16.3	7.3	4,770
2021	25.9	14.84	4.19	19.4	10.9	5,700
2022	21.9	14.53	7.00	20.1	11.9	6,709

資料來源：台股價值站 APP

　　至 2022 年為止，力成的最大股東為美商記憶體模組廠金士頓（Kingston），為全球第五大封測廠，主要客戶為美光、金士頓、Intel 與鎧俠。公司以發展記憶體積體電路封測業務為主，包含 DRAM 與 NAND Flash 在 2022 年營收比重，占整體營收超過 50％。故當記憶體遇庫存水位過高，進行庫存調整時，也會衝擊到力成的整體營收與獲利。

　　記憶體是景氣循環的產業，當該產業景氣較差時，對於過去表現穩定的公司，個人的做法是分數個月向下布局，降低自己的持股成本，可以在長期持有的過程中，更具信心。此外，公司亦積極的發展先進封裝技術，預計 2023 年可以拉高此服務的營收比重，降低整體營收受記憶體景氣循環波動的風險。

表 4-13　力成科技財務狀況

力成科技（6239）	股東權益報酬率（%）	每股盈餘（元／股）	現金股利（元／股）	毛利率（%）	營益率（%）	營收（億元）
2018	14.6	8.02	4.5	20.3	14.4	680
2019	12.7	7.52	4.80	19.1	13.1	665
2020	14.4	8.60	4.50	19.7	14.1	762
2021	19.3	11.54	5.00	23.0	17.3	838
2022	16.6	11.60	6.80	20.7	14.8	839

資料來源：台股價值站 APP

　　京元電子的主要客戶為聯發科、高通（Qualcomm）與賽靈思（Xilinx）（2022 年 2 月 14 日，超微（AMD）以 350 億美元完成對賽靈思的收購案）等大廠，產品測試之營收約占 2022 年整體營收的近四成，其次是晶圓測試，占整體營收超過三成。在封測產業營收前五大的公司中，京元電子的毛利為相對高的公司。

　　因應高階晶片功能性的提升與複雜度不斷增加，測試的時間也明顯地拉長，有助於產能利用率的提升，並進一步提升毛利率。近五年，京元電子不論在股東權益報酬率、每股盈餘、毛利率與營收都是逐步向上成長。需留意的是，當公司獲利處於投資人期待的快速成長期，市場上會有追價買股票的現象。個人作法還是習慣出現利空消息，或是沒有消息，討論度不高的時候，再來布局。

表 4-14　京元電子財務狀況

京元電子（2449）	股東權益報酬率（％）	每股盈餘（元／股）	現金股利（元／股）	毛利率（％）	營益率（％）	營收（億元）
2018	7.2	1.47	1.80	25.8	13.1	208
2019	12.0	2.49	1.35	27.5	15.8	255
2020	13.1	2.97	1.80	27.5	16.1	290
2021	16.3	4.23	2.00	30.7	19.6	338
2022	19.4	5.59	3.00	35.5	24.9	368

資料來源：台股價值站 APP

　　頎邦科技的產品主要應用於面板驅動 IC，主要客戶為聯詠、瑞鼎、奇景與瑞薩。2021 年至 2022 年期間，因面板驅動 IC 的庫存調高壓力沉重，股價從 2021 年 9 月 6 日最高點的 88.3 元向下跌，到 2022 年 10 月 13 日來到最低點 49.2 元。

　　面板與記憶體相同，都會有明顯的景氣週期。近年來頎邦也積極拓展晶圓及晶片尺寸封裝、射頻（RF）與功率放大器（PA）等業務，有助於降低面板景氣循環對整體公司營運產生的波動。

表 4-15　頎邦科技財務狀況

頎邦科技（6147）	股東權益報酬率（%）	每股盈餘（元／股）	現金股利（元／股）	毛利率（%）	營益率（%）	營收（億元）
2018	17.1	6.95	2.35	28.7	20.8	187
2019	14.2	6.28	3.50	33.2	26.5	204
2020	11.9	5.61	4.20	28.2	21.7	223
2021	16.6	9.00	3.80	32.3	25.5	271
2022	15.0	8.41	6.00	32.6	24.5	240

資料來源：台股價值站 APP

南茂科技主要業務為記憶體封測與面板驅動 IC 封測，記憶體產品的主要客戶為美光、南亞科、旺宏、晶豪科與華邦電等。面板驅動 IC 產品主要客戶為奇景光電、聯詠與瑞鼎。因其主要產品別包含記憶體與面板產業，都是有很明顯的景氣週期，當兩者同時進行景氣反轉時，股價的漲幅與跌幅都很可觀。

例如，2018 年 4 月到 2021 年 9 月，股價從 19.7 元漲到 61.4 元（無還原權息），漲了 211％。而在 2021 年 9 月到 2022 年 10 月期間，股價的波段跌幅由 61.4 下跌至 28.4（無還原權息），跌了 53％，股價波動度較大，並不一定適合每位投資人，在買進前須先了解其原因。

表 4-16　南茂科技財務狀況

南茂科技（8150）	股東權益報酬率（%）	每股盈餘（元／股）	現金股利（元／股）	毛利率（%）	營益率（%）	營收（億元）
2018	6.0	1.37	0.30	18.6	11.4	185
2019	13.7	3.55	1.20	19.3	12.1	203
2020	11.7	3.26	1.80	21.9	15.5	230
2021	22.4	6.96	2.20	26.5	20.3	274
2022	13.7	4.64	4.30	20.9	13.7	235

資料來源：台股價值站 APP

表 4-17　主要封測廠的產品線

	主要產品
日月光投控（3711）	通訊天線封裝（AiP）、系統級封裝（SiP）、
力成科技（6239）	記憶體 IC 封裝與測試
京元電子（2449）	產品測試、晶圓測試、封裝
頎邦科技（6147）	顯示器驅動 IC 封裝及測試代工服務
南茂科技（8150）	記憶體 IC、顯示器驅動 IC 及邏輯／混合訊號 IC 的封裝及測試服務

資料來源：作者整理

■ 半導體設備供應鏈

半導體設備供應鏈是指提供晶圓代工廠製程或檢測相關之自主研發或代理設備。此產業 2018 年以來股東權益報酬率皆大於 10％的公司包含致茂、辛耘、德律、弘塑、志聖、惠特與京鼎等。

一般整機設備的訂單可大致分為重複訂單或是全新開發訂單，交付週期約從二季到四季不等，設備商當季的財報數字通常無法直接反映出當下的景氣，因為認列的營收多數是半年至一年前就已經接到的訂單。

同樣的，當營收不佳時，反映的也可能不是即時的景氣行情。設備商的營收與景氣的循環息息相關，當大環境不好，終端消費力道減弱，晶圓代工廠與封測廠的晶片產能過剩時，也就會降低購買新設備的需求，直接衝擊設備商的財報。

但當景氣再次反轉向上，晶圓代工廠與封測廠需要擴大產能時，設備商就會有許多新設備洽談或是舊機改造升級的訂單，在某種程度上也算是種景氣循環股。

多數的台灣半導體設備商都是從晶片製造的後段製程（封裝與檢測）切入，因前段製程的技術門檻較高，多數的設備仍需仰賴國外進口。隨著新冠肺炎疫情造成全球供應鏈斷鏈，各國政府更加重視半導體設備國產化的議題，且基於

設備維護的即時性、多樣化的客製需求、製程的保密性與高性價比等因素，台灣的晶圓代工廠也很樂意扶植國內的設備商，對於台灣的半導體設備商後勢可以正向看待。

表 4-18　**主要半導體設備商營運項目**

致茂	半導體系統級測試（System Level Testing, SLT）設備
辛耘	半導體濕製程設備、再生晶圓
德律	半導體測試設備
弘塑	半導體濕製程設備
志聖	半導體烘烤製程、堆疊與後段封裝製程
京鼎	半導體前段製程如化 CVD（化學氣相沉積）、PVD（物理氣相沉積）、ALD（原子層沉積）、Etch（蝕刻製程）

資料來源：作者整理

致茂集團包含了致茂測試設備主體與威光自動化兩大事業體。2022 年營收的主要成長動能來自於檢測設備，該年第四季的法說簡報中提到，因應全球電動車的趨勢，動力電池測試之需求是 2023 年營業收入之主要來源。此外，5G 相關及高速運算（HPC）晶片應用測試需求，預期半導體及測試解決方案將有明顯的成長。

致茂在精密電子量測產業中擁有多項專利，其產品的技術競爭力高，近年來的毛利也都維持在 50％左右，並且在 2022 年宣布併購美商 ESS Inc.（Environmental Stress

Systems Inc.）100％股份，預期可擴大半導體測試應用市場，如航太、電動／自駕車、5G、智慧聯網以及生醫檢測設備等新市場部署與商機，有助於未來業績成長的新動能。

表 4-19　致茂財務狀況

致茂 （2360）	股東權益 報酬率 （％）	每股盈餘 （元／股）	現金股利 （元／股）	毛利率 （％）	營益率 （％）	營收 （億元）
2018	18.1	6.22	4.48	44.1	17.9	169
2019	12.8	4.48	4.18	47.3	14.8	139
2020	15.3	5.56	3.01	48.6	18.0	155
2021	24.4	9.96	4.50	48.1	17.5	176
2022	25.6	12.14	6.98	51.5	22.8	221

資料來源：台股價值站 APP

　　辛耘主要從事晶圓再生服務及半導體與光電業濕製程設備的研發製造與設備代理，其 2022 年的代理與製造的銷貨占比為 63％與 37％，其代理設備雖毛利率受到壓抑，但近年毛利率仍維持在近四成左右，展現出產品的競爭力。

　　其自行研發的濕製程設備應用於先進封裝技術，此為半導體發展之趨勢，有助於公司未來的營運。其再生晶圓業務，隨著半導體景氣的回升，亦有機會提升稼動率與售價。

表 4-20　辛耘財務狀況

辛耘 （3583）	股東權益 報酬率 （%）	每股盈餘 （元／股）	現金股利 （元／股）	毛利率 （%）	營益率 （%）	營收 （億元）
2018	17.4	5.16	2.00	36.3	12.9	39.9
2019	12.6	4.02	2.50	35.0	9.8	39.5
2020	11.2	3.80	2.00	40.7	13.0	35.8
2021	14.1	5.23	1.85	36.4	11.8	46.8
2022	16.9	7.08	2.50	37.0	12.6	56.5

資料來源：台股價值站 APP

　　德律為電子、資訊與通訊產業的自動測試設備商，產品主要分為自動光學檢測設備與電路板測試設備兩大項。除了提供一條龍電路板組裝檢測服務外，其檢測設備支援半導體封裝檢測需求，例如黏晶（Die Bonding）、打線接合（Wire Bonding）、填充膠（Underfill）與表面凸塊（Bump）等製程。依產品的應用比重來看，2022 年半導體相關約占 10%。

　　德律於林口擴建二期廠區，預計 2023 下半年完成，會以半導體、網通與車用相關應用布局為主，預期在 2024 年起貢獻營收。以設備商而言，近五年來的毛利率皆穩定在 50%以上，亦可看出其在檢測設備的競爭優勢。

表 4-21　德律財務狀況

德律 （3030）	股東權益 報酬率 （％）	每股盈餘 （元／股）	現金股利 （元／股）	毛利率 （％）	營益率 （％）	營收 （億元）
2018	20.6	4.51	3.00	53.4	25.8	49.2
2019	17.5	3.97	3.70	56.8	27.3	43.9
2020	19.7	4.63	3.30	54.8	29.0	49.5
2021	20.1	5.02	3.30	54.4	27.8	56.1
2022	28.8	8.13	3.30	57.4	32.1	67.1

資料來源：台股價值站 APP

　　弘塑為半導體後段封裝濕製程的設備供應商，主要的營業項目包含了自製機台設備、化學品與代理設備等。公司在半導體先進封裝業務已深耕多年，主要客戶包含台積電、日月光投控與力成等。在製程設備國產化的政策加持之下，長期競爭力可期，近五年其股東權益報酬率、每股盈餘與營收也都呈現向上之趨勢。

　　但其資本額為 2.92 億，屬於相對小型股，加上營收大多來自半導體，故隨著半導體產業的景氣變化，股價的反應也容易較劇烈，投資人需要謹慎。

表 4-22　弘塑財務狀況

弘塑（3131）	股東權益報酬率（%）	每股盈餘（元／股）	現金股利（元／股）	毛利率（%）	營益率（%）	營收（億元）
2018	12.7	11.29	10.00	45.5	17.9	14.8
2019	12.9	11.11	8.00	46.0	20.1	20.6
2020	13.9	13.92	8.00	45.3	21.4	24.9
2021	22.0	23.47	11.00	42.7	22.5	36.6
2022	22.1	25.32	17.00	43.5	20.4	37.2

資料來源：台股價值站 APP

　　志聖主要產品為烤箱、曝光設備與壓膜設備，應用之領域涵蓋了面板產業、印刷電路板（PCB）產業與半導體產業。近年來聯合均豪、均華等公司成立 G2C+ 策略聯盟，整合三家公司人力、物力、技術，建立強大供應鏈和服務體系，串接相關製程設備及工廠自動化，提供客戶更完整的一站式服務。

　　2022 年靠著半導體與 IC 載板等高階設備的加持下，獲利創下歷史新高，每股盈餘來到 4.59 元。展望未來，雖面板產業相對保守，但積極發展的客製化半導體先進封裝設備、高階載板設備與 Micro LED 製程設備皆具備較高的毛利率，後續成長潛力值得期待。

表 4-23　志聖財務狀況

志聖 （2467）	股東權益 報酬率 （%）	每股盈餘 （元／股）	現金／ 股票股利 （元）	毛利率 （%）	營益率 （%）	營收 （億元）
2018	23.4	3.73	1.50	31.5	11.9	57.0
2019	12.6	2.09	2.50	28.6	7.1	44.4
2020	17.8	2.88	2.50	37.9	13.0	40.9
2021	25.0	4.35	2.51／ 0.20	33.9	12.9	57.2
2022	24.0	4.59	3.00／ 0.30	35.6	13.6	53.7

資料來源：台股價值站 APP

　　京鼎是鴻海集團旗下的子公司，主要產品為半導體設備及系統組裝與零組件製造。公司承接台灣應用材料的半導體前段製程製造服務，包括化學氣相沉積（CVD）、物理氣相沉積（PVD）、原子層沉積（ALD）、蝕刻製程（Etch）等設備模組及備品代工。半導體前段製程設備技術門檻遠高於後段封裝設備，故現況多數仍須依賴國外技術，並且有技術壟斷的現象。

　　京鼎於 2022 年引進應用材料成為僅次於鴻海集團的第二大股東，持股占比 8.4%（111 年 7 月 4 日），有助於加速半導體事業的發展。台灣應用材料為京鼎的最大客戶，占營收比重近 8 成。2022 年第四季苗栗竹南廠興建完成，進一步

提升代工比重。雖美商應材是全球前五大半導體設備供應商之一，但因客戶與產業相對集中，整體營運易受半導體整體市況及美中政策之影響，投資人需注意。

表 4-24　京鼎財務狀況

京鼎 （3413）	股東權益 報酬率 （％）	每股盈餘 （元／股）	現金／股票 股利（元）	毛利率 （％）	營益率 （％）	營收 （億元）
2018	29.5	14.06	6.00/0.5	24.8	14.3	93
2019	15.1	7.85	7.00	23.1	12.1	73
2020	25.3	14.91	4.00	25.6	16.4	99
2021	23.3	17.01	6.98	25.3	16.2	122
2022	25.5	24.64	8.69	29.9	19.9	148

資料來源：台股價值站 APP

■ 半導體原料供應鏈

矽晶圓是半導體晶片製作的基底材料，是將二氧化矽礦石提煉成多晶矽後，再加熱溶解，透過長晶的方式，製作成不同尺寸的矽晶圓。台灣的矽晶圓三雄分別為環球晶、台勝科與合晶。

隨著半導體市場的火熱發展，以及人工智慧晶片與車用晶片的需求量大增，預期 2024 年全球經濟復甦，各家矽晶

圓廠評估屆時矽晶圓需求將超出 2023 年的矽晶圓產能，故三家公司都有釋出擴充產能的消息，以因應全球半導體市場的需求。根據麥肯錫公司預測，直至 2030 年，全球半導體市場規模每年將以 6% 至 7% 之速度成長。

環球晶為中美晶集團的子公司，為全球第三大矽晶圓供貨商。2018 年至 2022 年連續五年，其股東權益報酬率都維持在 25% 以上，並且連續五年每股盈餘都超過 10 元，此表現在台股中屬於經營效率的前段班，也因此具備較高的股價。

環球晶 2023 年第二季法說會中，提及全球 12 吋晶圓廠產能將由 2022 年之每月 780 萬片（wpm），增加至 2023 年之每月 800 萬片，並於 2024 年達到每月 848 萬片。整體而言，對於 2024 的半導體發展抱持著正面的看法。

但對投資人而言，好公司還要買在合理的價格才能獲利。2021 年因疫情導致塞港與搶單等因素，也讓矽晶圓的報價持續上漲，近一步推升了環球晶的股價，在 2021 年 7 月盤中來到歷史新高 972 元。接著遇到各種利空，到了 2022 年 10 月，短短 1 年多，股價只剩下約三分之一，來到 331.5 元。

這或許也是許多投資人對於高價股存在恐懼的原因。每個人的年紀與個性不同，風險承受度也不同，不一定都適合買這種高波動的高價股。但我想表達的是，我認為自己已經

算是相對保守的投資人，透過投資心法與方法的建立，可以不需要將很多優質的高價股拒於門外，這樣會有點可惜。而這些心法與方法正是本書中一再提及的不追高買、零股慢慢向下買與長期持有等觀念。

表 4-25　環球晶財務狀況

環球晶 （6488）	股東權益 報酬率 （％）	每股盈餘 （元／股）	現金／股票 股利（元）	毛利率 （％）	營益率 （％）	營收 （億元）
2018	35.3	31.18	10.00	37.8	29.8	591
2019	30.9	31.35	25.00	39.3	30.8	581
2020	29.4	30.11	25.00	37.2	27.6	554
2021	26.4	27.27	18.00	38.1	28.9	611
2022	30.8	35.31	16.00	43.2	35.5	703

資料來源：台股價值站 APP

台勝科由台塑與日商勝高（Sumco Techxiv）合資，於1995 年 11 月成立，主要產品為 8 吋與 12 吋矽晶圓。其中，12 吋矽晶圓占比為 7 成，8 吋矽晶圓占比為 3 成。主要客戶包含美光、華邦電、旺宏、南亞科、台積電、聯電與世界先進等公司。

因應車用晶片與記憶體的市場成長，台勝科預計於 2024年完成雲林麥寮的 12 吋晶圓廠擴建並投入量產。台勝科在

2018 至 2022 期間的毛利率跳動幅度較環球晶來得大，投資人可以多留意其整體營運與景氣變動的關聯性。

表 4-26　台勝科財務狀況

台勝科 （3532）	股東權益 報酬率 （％）	每股盈餘 （元／股）	現金／ 股票股利 （元）	毛利率 （％）	營益率 （％）	營收 （億元）
2018	25.7	9.41	2.08	42.6	37.8	164
2019	10.1	5.48	9	28.0	22.5	116
2020	6.4	3.37	3.5	20.2	15.4	119
2021	6.8	3.64	2.15	21.0	14.9	122
2022	21.1	12.43	2.22	37.7	31.6	164

資料來源：台股價值站 APP

　　合晶為全球第六大半導體矽晶圓供應商，生產的矽晶圓以 8 吋及 6 吋為主。2022 年其 8 吋晶圓占比為 70.1％，6 吋晶圓占為 17.4％。2023 年年中，合晶在台中中科二林園區，正式動土興建 12 吋廠，預計於 2025 年開始量產，最後優化後的目標為每月生產 25 至 30 萬片，主要是看好電動車的車用商機。

　　但 2023 年仍受到客戶庫存調整的影響，上半年合計每股盈餘為 0.81 元，使 2023 年度營收與獲利衰退幅度擴大，投資人可持續觀察第四季是否有回溫的現象。

表 4-27　合晶財務狀況

合晶 （6182）	股東權益 報酬率 （％）	每股盈餘 （元／股）	現金／ 股票股利 （元）	毛利率 （％）	營益率 （％）	營收 （億元）
2018	20.1	3.80	0.3765	37.1	24.3	92
2019	10.2	2.41	2.5	34.7	17.0	77
2020	5.3	1.02	1.8	27.1	9.9	74
2021	10.4	2.02	1.1	35.0	19.2	103
2022	17.0	4.00	1.35	40.8	26.3	127

資料來源：台股價值站 APP

　　台灣的半導體供應鏈除了上述矽晶圓供應商外，還有再生晶圓的部分。再生晶圓指的是當矽晶圓製作出來經品質檢測後，品質較差的矽晶圓就會走向再生晶圓的選項。再生晶圓主要被拿來當作測試片、製程監控、實驗片，或是調整機台時用的耗材。被測試過的再生晶圓，仍可以重複透過研磨、拋光、清潔、檢測等程序再利用，直到晶圓的厚度薄到特定程度才會丟棄。

　　國內主要供應再生晶圓的廠商有中砂、辛耘與昇陽半導體。

表 4-28　台灣的再生晶圓三雄：

	12" 矽再生晶圓月產能	時間點
昇陽半導體（8028）	46 萬片	2022 年底
中矽（1560）	30 萬片	測試及再生（2023 展望）
辛耘（3583）	16 萬片	2022 年底

資料來源：作者整理

昇陽半導體的主要股東為美商應用材料（Applied Materials, Inc），公司主要分為半導體與鋰電池兩大事業，其中半導體的部分就是再生晶圓的供應與晶圓薄化製程，也是公司的主要營收來源，占比約為 90~95％。

隨著先進封裝的發展，昇陽半導體的再生晶圓也進入新的應用，不再只是拿來當晶圓廠的測試片或監控片，而是發展為規格更高階的矽中介層（Si Interposer）與承載晶圓（Carrier Wafer）。公司預期在 2024 年的高階再生晶圓市占率將達到全球第一。此先進封裝的市場規模，在 2022 年至 2026 年的估計年複合成長率達 16.1％。

在台積電提出的 CoWoS（Chip-on-Wafer-on Substrate）2.5D 先進封裝中，透過矽中介層來實現更精細的線路與更佳的空間利用，藉此提升不同晶片（邏輯晶片、記憶體、射頻晶片與微機電晶片）間的傳輸效率。此封裝技術

大量應用在 AI 高階晶片，可同時達到高速傳輸、減少空間、減少耗能與成本控制等需求。

承載晶圓（Carrier Wafer）或是承載玻璃（Carrier Glass）常應用於 2.5D 先進封裝中，矽中介層薄化製程與晶片翻面製作線路的製程。在矽中介層薄化的過程中，整體晶圓容易翹曲造成後製程無法進行，所以必須在薄化前，先貼合一片載具以增加其強度。

表 4-29　昇陽半導體財務狀況

昇陽半導體（8028）	股東權益報酬率（％）	每股盈餘（元／股）	現金／股票股利（元）	毛利率（％）	營益率（％）	營收（億元）
2018	10.4	1.87	1.60	34.0	14.1	21.2
2019	13.5	2.51	1.60	33.6	16.3	26.5
2020	4.8	0.96	2.00	23.6	6.5	22.7
2021	9.0	1.58	0.60	25.1	8.8	26.5
2022	11.8	2.17	0.80	26.5	9.8	31.4

資料來源：台股價值站 APP

■ 半導體晶片通路商

半導體材料通路商包含華立、崇越與揚博，近年都有不錯的財報數字。在晶片的製作中，不管是前段或是後段線路的製作，皆需要使用光阻，差別是前段技術層次較高，製作的線路也較細，大多屬於奈米級線路。

而後段封裝較常使用到乾膜光阻（Dry Film），主要是進行線路重布（RDL）的動作。液態光阻具備較佳的解析度，透過旋轉塗布（Spin Coating）的方式將液態光阻塗布在晶圓表面。而乾膜光阻依製程的需求不同，透過滾輪或真空壓膜的方式覆蓋在金屬層上，再進行曝光及顯影等動作。

其中崇越與其它兩家不同的地方是，其本身半導體相關產品例如光阻劑、矽晶圓的營收占比較高，故隨著半導體廠景氣的回溫，其營收也會有較明顯的成長。然而其主要產品為代理，可將其定義為半導體設備與材料的通路商，雖營收高，但礙於技術非自主研發，故毛利的部分會受到壓抑。

表 4-30　主要半導體通路商營業項目

半導體產業的主要業務 2022 年半導體營收占總營收比例		
華立	光阻劑、研磨液	20%
崇越	先進封裝製程材料、乾膜光阻劑、矽晶圓	80%
揚博	代理耗材封裝相關藥水	約 40%

資料來源：作者整理

華立為國內半導體材料通路商，其代理的產品多元，主要分為三大類，分別是資訊與通信科技（Information and Communication Technology，簡稱 ICT）、光電產業與半導體產業。其半導體相關產品為製程前段所需之耗材，包含了光阻液、電子級化學品及特殊氣體等，是少數供應先進製程材料的廠商，亦是 5G、高速運算與電動車等新科技的受惠者。

表 4-31　**華立財務狀況**

華立 （3010）	股東權益 報酬率 （%）	每股盈餘 （元／股）	現金／ 股票股利 （元）	毛利率 （%）	營益率 （%）	營收 （億元）
2018	12.3	5.82	3.30	8.0	3.3	529
2019	12.1	6.12	3.20	7.7	2.9	547
2020	14.5	7.88	3.30	8.1	3.6	591
2021	19.1	12.05	4.40 ／ 0.20	8.5	4.4	705
2022	15.0	10.53	6.80	7.6	3.6	736

資料來源：台股價值站 APP

崇越為信越化學矽晶圓代理商，其產品多元，包含了矽晶圓、光阻液、石英元件與研磨液等。半導體相關產品占整體營收八成左右，其次為環保工程，占比超過一成。隨著半導體產業的發展，該公司近年來的每股盈餘與營收都持續提升，是一間體質穩定值得留意的好公司。

表 4-32　崇越財務狀況

崇越 （5434）	股東權益 報酬率 （％）	每股盈餘 （元／股）	現金／ 股票股利 （元）	毛利率 （％）	營益率 （％）	營收 （億元）
2018	17.1	7.73	4.20	11.8	5.3	289
2019	18.9	9.48	5.30	12.4	5.8	317
2020	20.5	11.38	6.50	11.9	5.7	362
2021	20.5	12.63	8.00	12.2	6.0	427
2022	24.5	16.61	8.80	12.3	6.1	530

資料來源：台股價值站 APP

　　揚博的業務分為自製設備與代理，自製設備以印刷電路板的濕製程設備為主，代理業務則是應用於半導體前段製程、成熟製程與先進封裝製程耗材為主。自製與代理營收約各占一半，高階印刷電路板與載板製程為公司的重要營運動能。

表 4-33　揚博財務狀況

揚博 （2493）	股東權益 報酬率 （％）	每股盈餘 （元／股）	現金／ 股票股利 （元）	毛利率 （％）	營益率 （％）	營收 （億元）
2018	14.7	3.00	1.75	31.9	17.6	24.0
2019	9.6	2.00	2.50	26.3	14.3	24.8
2020	13.1	2.70	2.50	26.5	15.3	26.0
2021	14.3	3.00	2.50	26.5	15.4	29.4
2022	22.8	5.18	2.75	31.9	21.9	34.5

資料來源：台股價值站 APP

　　半導體相關的化學品概念股也有許多值得留意的好公司，包含崇越、勝一、達興材料與三福化。

表 4-34　主要半導體相關的化學品概念股營業項目

勝一	半導體 IC 產業製程用清洗劑、剝離劑、去光阻緩衝液及蝕刻製程化學品
達興材料	半導體封裝材料
三福化	顯影劑回收純化處理

資料來源：作者整理

　　勝一的營收來源可分為兩大項，其一是溶劑系列產品，比重約占八成；其二原物料買賣則接近兩成。溶劑又可分為電子級溶劑與工業級溶劑，電子級溶劑主要應用於半導體、

面板與 LED 產業。營收比重，從 2021 第一季起至 2022 年逐季提升，又以半導體溶劑增幅最大。近年來積極投入半導體先進製程的化學品開發，包含了清洗劑、剝離劑、去光阻緩衝液與蝕刻液等。

表 4-35　**勝一財務狀況**

勝一 （1773）	股東權益 報酬率 （%）	每股盈餘 （元／股）	現金／ 股票股利 （元）	毛利率 （%）	營益率 （%）	營收 （億元）
2018	20.0	6.20	4.60	24.9	13.1	80
2019	18.2	4.92	5.00	24.7	13.2	75
2020	22.0	5.87	2.20／2	29.8	17.7	78
2021	25.8	6.47	3.49／ 1.11	28.1	17.1	111
2022	24.6	7.30	3.00/2.5	29.8	18.5	113

資料來源：台股價值站 APP

　　達興材料為國內最大面板相關化學品供應商，營收來源主要為面板產業的化學材料，隨著 2022 年消費電子商品的滯銷，整體獲利也大幅縮水。近年來也聚焦在半導體先進封裝與成熟製程的材料開發，以建構半導體高階先進材料在地化供應鏈為目標。雖目前半導體材料營收占比不到一成，但有部分材料已通過客戶認證，未來的成長值得期待。

表 4-36　達興材料財務狀況

達興材料（5234）	股東權益報酬率（％）	每股盈餘（元／股）	現金／股票股利（元）	毛利率（％）	營益率（％）	營收（億元）
2018	26.4	6.37	3.50／1	33.7	16.8	44.1
2019	24.0	6.33	5.00	34.7	16.6	45.3
2020	22.2	6.15	5.00	35.8	17.1	43.0
2021	22.8	6.62	5.00	35.7	17.0	45.1
2022	14.2	4.15	5.30	32.0	11.3	38.9

資料來源：台股價值站 APP

　　三福化主要產品為精密化學品、基礎化學品與新興化學品，精密化學品包含面板產業、半導體產業與太陽能產業，合計占整體營收比重超過六成。看好新興化學品（顯影劑 TMAH 回收再製）的發展，半導體與面板業對此化學品的回收再利用皆有高度的需求，故持續投入純化廠的資本支出。預期在 2024、2025 年，此業務的營收占比將超過二成。

表 4-37　三福化財務狀況

三福化 （4755）	股東權益 報酬率 （%）	每股盈餘 （元／股）	現金／ 股票股利 （元）	毛利率 （%）	營益率 （%）	營收 （億元）
2018	13.1	4.38	2.60	18.8	10.2	40.5
2019	10.3	3.58	2.70	17.4	8.6	39.4
2020	11.5	4.36	2.50	22.5	12.3	38.2
2021	16.9	6.69	3.00	25.0	15.1	47.8
2022	19.3	8.43	5.00	26.7	16.6	56.2

資料來源：台股價值站 APP

半導體相對於面板產業與印刷電路板產業，是技術與進入門檻相對高的產業。當一間公司的半導體相關營收比重提高，就有機會拉高整體的毛利率與營收，進一步提升實質獲利。

不論是設備商或是材料商，在成為晶圓代工廠與封測廠的供應鏈之前，都有一段為期數季到數年的驗證期，主要是為了確保晶片製造與封裝過程中的良率與可靠度。一旦通過驗證期，該材料或設備就會成為該製程的基準（Base Line）而開始放量。

此外，半導體通路商的兩大龍頭——大聯大與文曄，亦是長期獲利與配息穩定的好公司，但並不是好公司就只漲不跌。當整體 IC 庫存太多賣不動時，沒有量（營收），對於毛利率 3% 至 5% 的通路商，就會很直接的反映在獲利上，股價

自然也就隨之修正了。以長期而言，半導體產業持續發展向上，就可以期待兩大半導體通路龍頭的穩定成長。

表 4-38　大聯大財務狀況

大聯大 （3702）	股東權益 報酬率 （％）	每股盈餘 （元／股）	現金／ 股票股利 （元）	毛利率 （％）	營益率 （％）	營收 （億元）
2018	14.1	4.22	2.40	4.3	1.9	5,451
2019	10.9	3.84	2.70	4.3	1.8	5,276
2020	12.6	4.77	2.40	3.8	1.7	6,099
2021	17.0	6.61	3.10	3.8	1.8	7,786
2022	13.8	6.02	3.50	3.8	1.9	7,752

資料來源：台股價值站 APP

表 4-39　文曄財務狀況

文曄 （3036）	股東權益 報酬率 （％）	每股盈餘 （元／股）	現金／ 股票股利 （元）	毛利率 （％）	營益率 （％）	營收 （億元）
2018	13.3	5.02	2.50	3.9	1.9	2,734
2019	11.2	4.32	2.35	3.2	1.6	3,352
2020	10.9	5.22	2.09	3.1	1.5	3,532
2021	15.7	9.96	3.20	3.8	2.4	4,479
2022	14.0	8.61	5.01	3.5	2.1	5,712

資料來源：台股價值站 APP

第五章│這個投資檻，你一定要跨過

投資應該是理性的行為，但是人卻不是完全理性的動物，許多錯誤的思維方式影響了人們的投資結果，你最好遠離它們。

■ 小心，不要被錯誤的心錨綁架

每個人認定的投資心魔或許略有不同，舉例來說，在 2020 年時，欣興股價最低為 23.65 元，到了 2022 年最高價來到了 261 元。在注意過或是買過 20 多元欣興的人，通常容易會被這個價格錨定住。

即使 2022 年的股災，欣興從 261 元修正到 106.5 元，價格打了 4 折都還買不下手。這就是多數人有的心魔，會想著「當初才多少錢，現在已經多少錢了，沒有回到當初的價位，都算是買貴了」。雖然股票市場裡沒有絕對，要跌回 20 多元也不是不可能，但還是必須思考幾個因素：

（1）股價也會隨著時間通膨。當市場上的錢變多了，即使獲利相同，股價也會被熱錢墊高。

（2）好公司的獲利是會成長的，而股價是跟獲利成正比的。

（3）時空背景不一樣了，科技不斷地在進步，各種新產品、新應用持續在推出。

（4）市場的需求改變了，公司的產品結構與體質也改變了，對投資人而言，最簡易的方式就是看毛利率。2020 年欣興的毛利率是 14.6％，而 2022 年則為 35.9％。

（5）隨著公司體質的改變，市場上對公司的評價與估值也不同。例如原本毛利是 10％的公司，市場給的本益比為 10 倍，而當毛利提升到 30％時，市場願意給的本益比可能就不止 10 倍了。

上述任一點發生後，股價就很難跌回投資人心中錨定的價格，就連 2021 年 2 月 4 日當天欣興山鶯廠發生火災，盤中跌到 80 元後，直到 2023 年都回不到此價位。這其實也說明了，當公司的體質變了，對於一次性的意外狀況，也無法抵擋整體營運向上的趨勢。若認同該產業的發展，反而是考慮買進的時候。

我是在 2021 年間，陸續看到新聞上提及「ABF 載板獲利大爆發」、「ABF 載板產能吃緊」、「BT 載板需求強勁」等字眼，才開始注意到欣興，畢竟以連續五年股東權益報酬率大於 10％的標準來篩選個股，欣興是不會出現的。像這種在短期間內，獲利瞬間爆發的公司，一定要先了解背後的原因，不要因為看到漲了，聽到大家都說好，就跟著一起買。

如果單純跟風買進，即使漲了也抱不久，跌了也抱不住。我買進，是因為認同 ABF 載板與 BT 載板的發展趨勢。

其終端應用為 5G、人工智慧、高效能運算（HPC）、雲端運算與自動駕駛等產業，未來具備潛力的市場。

當時已 2021 年底，欣興股價來到 200 元左右，當時自己也有不敢追高的心態。看著一路上漲的股價，就先放入觀察名單中，不急著買，因為再強的股票都有回檔的時候，等到有修正時再來買，若真的都不回頭，那也就算了。

至於要修正到多少再買？每個人看的指標不同，能接受的價格也不同。我能確定的是，不管我何時買，都不可能買到最低點。只要在自己認為資金可以向下買到底部的範圍，即可開始慢慢布局。

由於我了解前述五點因素，不會想著要跌到 20 多元才買，所以在 2022 年 11 月 23 日買進第一筆零股，價格為 155 元。當時已有心理準備，若股價再跌回前波低點 106.5 元（2022 年 10 月 13 日），即使還有約 50 元的空間，調配好資金，也能沒有壓力地向下買。截至 2023 年 5 月 5 日，共買了 1,005 股，成本在 134 元。

相同的情況下，要等 250 元的台積電、200 元的台達電、150 元的家登不是不可能，但錨定價格後，往往就只能持續等，錯過了公司獲利成長帶來的資產成長。

表 5-1　**欣興財務狀況**

欣興 （3037）	股東權益 報酬率 （%）	每股盈餘 （元／ 股）	現金／ 股票股利 （元）	毛利率 （%）	營益率 （%）	營收 （億元）
2018	3.9	1.15	0.4982	11.1	1.8	757
2019	6.9	2.24	0.8001	13.7	4.2	825
2020	10.5	3.74	1.0919	14.6	4.6	879
2021	22.8	8.98	1.3929	22.6	12.6	1,046
2022	39.5	20.08	3.4	35.9	27.2	1,405

資料來源：台股價值站 APP

■ 不要老是想賺快錢

　　對於全職交易者而言，賺 100 次 1 萬元是他們的工作；對上班族而言，則不要迷戀於短期間賺到幾千元或是幾萬元的一次性價差獲利。除非過往的勝率很高，不然該努力的方向是達到年領股息ＸＸ萬元，依每個人每年能投入的金額與投入的時間來決定ＸＸ的金額。

　　這個過程將非常的漫長，快的話或許 10 年有點小成就，慢的話 20、30 年都有可能。沒有一定的堅持跟信仰是很難走到最後，這也是大部分的人直接放棄存股的原因。投資別想著 10 年內要致富。個人認為多數情況下，投資的前 10 年，

靠本業認真上班賺的錢會遠大於投資的獲利。要了解，是靠投資累積退休金或是提早退休，不是靠投資就不用努力工作。反而是必須更努力工作，才有錢能投資。

■ 高價股，不代表價格「貴」

在初期投資的心魔中，「高價股」也是一道較難跨越的牆，特別是對於較保守的投資人。我也曾是高價股拒絕往來戶之一，只敢把高價股放在觀察名單，例如 600 元的台積電、700 元的聯發科、650 元的富邦媒、500 元的寶雅、550 元的環球晶等等，癡心地等著哪天股價從三位數跌下來變成雙位數再買入，結果就是一直在等。明明知道是好公司，但若單就「價格」來判定，幾乎沒有買進的機會。

在觀察的過程中發現，高價股價格高，一定有它的道理。市場上願意買單的人，一定有自己的看法與理由，其中不外幾種原因，例如獲利高、成長性高、未來展望佳、籌碼穩定、產業龍頭、股本相對小等。

不可否認，高價股在同樣相同百分比數的漲跌幅，實際金額的跳動會讓人有較明顯的感受，讓尚未克服心魔的人較難接受。我一開始是透過盤中零股，5、10 股慢慢買，試一下心理承受度。將資金拆細後，容錯率也變高了。容錯率就是買在下跌的過程中，可以有很多次機會，沒有壓力地慢慢

越買越低，不用執著要快速地買滿一張。不論持有幾股，都能享受公司成長的紅利。

不是鼓勵讀者一定要買高價股，只想說，若因高價的心魔而錯過許多成長性高、體質佳的公司，難免會有些可惜。另外，若是短期間因為題材的關係而漲成高價股的股票，風險就相對大很多，必須提醒自己不要有錯失恐懼症（Fear of Missing Out，FOMO）的情緒。

■ 對於投資股票的誤解

我身邊的朋友，對於投資股票常有一些誤解。其中一類人是想到投資股票，就覺得市場很恐怖，彷彿今天買進股票，明天或是下個月投進去的錢就完全賠光一樣，認為自己沒有投資能獲利的命，寧願把錢放在銀行的活存，也不願進場買股票。

另一類是想要靠投資股票在短時間翻身的人。曾經我也天真地抱有這種幻想，但或許真的有這種航海王、AI 王的故事，但慢慢地就會認清，這種故事絕對不會發生在一般上班族身上。

還有另一類人是每天都期待能賺點零用錢的小確幸。坦白說，一開始的我也會因為價差賺到所謂的便當錢、幾千元

或幾萬元而沾沾自喜。但經過一番思量之後，那些運氣得來的幾萬元，對於想要財務自由、靠被動收入就能生活的我，就變得一點吸引力也沒有了。當目標放遠、時間拉長、格局拉大，自然就不會在意過程中的顛簸了。

■ 好公司也是會跌的，而且跌的程度超出你想像

在買入股票前，我想大家都同意「股票有漲有跌」這個說法，但很多人在買進股票之後，就會一廂情願地認為，買入好公司就不會跌或是不應該跌。特別是持股的週期越短，這種想法就越容易出現，這也造成某一檔股票連跌個幾天後，臉書或是各大論壇上就會很常看到，「某某股票怎麼了？」等類似言論。

公司的體質與股價，長期來看是會有正向的相關沒錯，但因為造成短期股價波動的原因是隨機的，可能是消息面，也可能是大股東缺錢賣股，又或者是單純的胖手指等等（所謂的胖手指，又稱烏龍事件，指的是在金融市場中，因鍵盤或滑鼠輸入失誤而造成錯誤的交易）。以長期持有的角度來看，不管是上述哪一種原因，都不該是產生恐慌與焦慮的理由，更不是賣出持股的訊號。

主人在遛狗時，小狗會走在主人的前面或後面，小狗指的就是股價，主人指的就是基本面。股價有時會超漲，

有時會超跌，但長期來看還是會回歸基本面，就是小狗最終會回到主人身旁一樣，這就是德國證券教父科斯托蘭尼（Kostolany）提出的「遛狗理論」。

我相信多數人都有聽過這個理論，但是在實際應用上，當股價超漲變成飆股時，人性很容易忍不住誘惑而買在股價脫離基本面太遠的價位；超跌時，又同樣容易將股票砍在股價其實已經低於基本面很遠的位置。粗略地來看，我會參考股價與季均線（60 MA）的乖離率，來輔助判斷市場對於某一檔股票是否有過熱或過度恐慌的情緒存在。

例如一檔個股的季均線為 50 元，當它的股價在 55 元以上時，我就會暫停買入。但當他股價跌到 55 以下，我就會考慮分批向下買。而我賣出的判斷是依照第四章的財報數字，而不是股價。在買進或賣出股票前，建立一套自己的評估機制，就可以避免為市場上過熱或過度恐慌的情緒買單。

表 5-2　老吳買入與賣出心法

	股價與季均線正乖離超過 10%	股價與季均線負乖離超過 10%	股價介於季均線 ±10%內
買入	暫停買入	評估慢買	評估慢買
賣出	不一定要賣出	不一定要賣出	不一定要賣出

來源：作者整理

■ 現在可以投資嗎？

不管是過去、現在或未來，都有人會問：「現在可以投資嗎？」我的答案是「絕對可以」。不用知道現在是空頭市場或多頭市場，也不用計較現在大盤點數是多少，不管何時間，若還沒有開始的話，把心態跟錢準備好，隨時都可以開始投資。

你會發現，整本書快結束了，但我完全沒有提到一些技術指標，例如隨機震盪指標（KD 指標）、相對強度指標（RSI 指標）或指數平滑異同移動平均線（MACD 指標）等等。並不是因為這些指標沒用。若有興趣的人，當然可以多方學習，完全沒有問題。但我認為，若討論適合上班族的獲利方式，這些指標並不是關鍵，關鍵在於持續投入與耐心等待。

投資對我來講，是學校沒教的事，也是父母沒教的事，但它卻對人的一生有著重要的影響，不僅會影響我們這一代，也將影響下一代。雖然很難透過穩健的投資，讓一般人從原本買不起房子、車子的狀態，搖身一變入主豪宅、坐擁雙 B，但絕對可以在某種程度上慢慢地改善生活環境與生活品質。

以我自己為例，在投資數年後，股息漸漸增加，資產也有感地成長，對於花錢的心態也會有些改變。這個改變就是，我開始會提醒自己：「偶爾也要對自己好一點」。

以前規劃旅遊時，打開訂房網站，總只鎖定 2,000 至 3,000 元一晚的住宿地點。雖然再貴一點也是可以負擔，但總會想說：「可以住就好，沒必要多花錢」。但現在的想法是：「難得出遊，在可以負擔的條件下，拉高一點預算，讓大人小孩都開心」，而這背後的底氣就是股票資產。

跟許多人一樣，我也是出社會後才一邊在市場裡繳學費，一邊跌跌撞撞地學習投資。對於沒有接觸過的事物，會害怕、覺得麻煩、覺得困難，這都是人之常情。你當然可以選擇忽略，想著：「有在工作就好，不投資也不會餓到」。但我選擇去了解它，因為我知道這是一個機會，可以提早買回自己的時間並提高家人的生活品質。所以我努力工作，也努力學習投資，同時很樂意分享投資心得給各位。

從 2014 年開始投資，我很慶幸能在經過 5 年的短進短出後，於 2019 年下定決心改變投資方式，並且堅持到現在。改變投資方式的前提是先改變投資心態，重點是要相信自己做得到。雖然只經歷短短的 4 年，但我的人生已有很多意想不到的改變。

投資多久會開始有感獲利，取決於投入的本金，因為要用錢滾錢的前提就是要先有錢，不管是透過開源還是節流，都必須務實地執行，不然一切只是空談。

在很多有十幾、二十年經驗的「存股」前輩看來，我就

像是一個剛起步的新手。以經驗來看，他們都是很好的榜樣，我仍相對渺小，還有許多需要持續學習與摸索的地方。希望存股的第 5 年、第 6 年以後，能有更豐富的經驗可以分享。

　　若你還沒有開始存股，給自己一個機會，從現在開始執行，4 年後的你會感謝現在的你所下的決定與決心。若你已經在存股，不管遇到什麼困難，請不要放棄，再堅持 4 年後，複利的效果會讓你更有感。以長期投資的角度來看，4 年其實不長，但前期的 4 年，卻是相當重要且關鍵的。不要一次想著 20 年，可以用 4 ＋ 4 ＋ 4 ＋ 4 ＋ 4 年，每個 4 年都是一個里程碑、一個上班族夢想的寄託，但前提是要先有夢想。你今天夢想了嗎？

台灣廣廈 國際出版集團
Taiwan Mansion International Group

國家圖書館出版品預行編目（CIP）資料

自組ETF邊上班邊賺錢：工學博士教你降低持股成本，實現逢
低買進，每月收入穩定，投資報酬率破10% / 吳宜勳 著，
-- 初版. -- 新北市：財經傳訊，2023.9
　面；　公分. --（through;6）
ISBN 9786267197356（平裝）
1.CST:投票投資 2.CST:投資分析

563.53　　　　　　　　　　　　　　112013664

財經傳訊
TIME & MONEY

自組ETF邊上班邊賺錢：
工學博士教你降低持股成本，實現逢低買進，每月收入穩定，投資報酬率破10%

作　　　者／吳宜勳	編輯中心／第五編輯室
	編 輯 長／方宗廉
	封面設計／十六設計有限公司
	製版・印刷・裝訂／東豪・紘億・弼聖

行企研發中心總監／陳冠蒨	線上學習中心總監／陳冠蒨
媒體公關組／陳柔彣	數位營運組／顏佑婷
綜合業務組／何欣穎	企製開發組／江季珊

發 行 人／江媛珍
法 律 顧 問／第一國際法律事務所 余淑杏律師・北辰著作權事務所 蕭雄淋律師
出　　　版／台灣廣廈有聲圖書有限公司
　　　　　　地址：新北市 235 中和區中山路二段 359 巷 7 號 2 樓
　　　　　　電話：（886）2-2225-5777・傳真：（886）2-2225-8052

代理印務・全球總經銷／知遠文化事業有限公司
　　　　　　地址：新北市 222 深坑區北深路三段 155 巷 25 號 5 樓
　　　　　　電話：（886）2-2664-8800・傳真：（886）2-2664-8801
郵 政 劃 撥／劃撥帳號：18836722
　　　　　　劃撥戶名：知遠文化事業有限公司（※ 單次購書金額未達 1000 元，請另付 70 元郵資。）

■ 出版日期：2023 年 9 月
ISBN：9786267197356